Gisa Pauly
Dio mio!

PIPER

Zu diesem Buch

Familienrezepte sind in Panidomino, dem kleinen Bergdorf in Umbrien, aus dem Mamma Carlotta stammt, heiß umkämpft. Jede Frau hat ihre eigenen Geheimzutaten – und nach ihnen zu fragen, ist eine enorme Unhöflichkeit in bella Italia. Ihren deutschen Lesern allerdings verrät Mamma Carlotta ihre Lieblingsrezepte nur allzu gerne. Bei dieser Gelegenheit plaudert sie noch ein wenig aus dem Nähkästchen: über die Sache mit dem Schwein in Raffaelos Trattoria, über die Schokoladentorte für die Mafia, über den Rotwein von Paolo – und über viele weitere kulinarische Ereignisse aus Panidomino. Denn eines wussten wir ja schon lange: Mamma Carlotta kann nicht nur im Handumdrehen einen Mörder fassen, sie ist mit Sicherheit auch die beste italienische Köchin von ganz Sylt!

Gisa Pauly, arbeitete viele Jahre als Lehrerin und lebt heute als freie Schriftstellerin, Journalistin und Drehbuchautorin in Münster. Ihre Ferien verbringt sie am liebsten auf Sylt und in Italien. Mit ihren Sylt-Krimis um Mamma Carlotta erobert sie Jahr um Jahr die Bestsellerliste.

Gisa Pauly

Dio mio!

Mamma Carlottas himmlische Rezepte

PIPER

Mehr über unsere Autoren und Bücher:
www.piper.de

Von Gisa Pauly liegen im Piper Verlag vor:

Mamma-Carlotta-Reihe:

Band 1: Die Tote am Watt
Band 2: Gestrandet
Band 3: Tod im Dünengras
Band 4: Flammen im Sand
Band 5: Inselzirkus
Band 6: Küstennebel
Band 7: Kurschatten
Band 8: Strandläufer
Band 9: Sonnendeck
Band 10: Gegenwind
Band 11: Vogelkoje
Band 12: Wellenbrecher
Band 13: Sturmflut
Band 14: Zugvögel
Band 15: Lachmöwe
Band 16: Schwarze Schafe
Band 17: Treibholz
Band 18: Breitseite

Siena-Reihe:

Band 1: Jeder lügt, so gut er kann
Band 2: Es wär schon eine Lüge wert
Band 3: Lügen haben lange Ohren

Dio Mio! Mamma Carlottas himmlische Rezepte
Der Mann ist das Problem
Venezianische Liebe
Stille Wasser sind fies

Unser Versprechen für mehr Nachhaltigkeit
• Klimaneutrales Produkt
• FSC®-zertifiziertes Papier
• Hergestellt in Europa

FSC www.fsc.org MIX Papier | Fördert gute Waldnutzung FSC® C021394

Originalausgabe
1. Auflage Oktober 2016
3. Auflage Dezember 2024

ISBN 978-3-492-30976-9
Umschlaggestaltung: Martina Eisele
Umschlagabbildung: kulyk/Bigstock (Lebkuchenherz); Hannamariah/Bigstock (Stern); Life on White/Bigstock (Möwe); kolesnikovserg/Bigstock (Tomaten); Photology1971/Bigstock (Rahmen); lakov Kalinin/Bigstock (Hintergrund); subbotina/depositphotos (Weihnachtsmütze); Photomyheart/depositphotos (Basilikum); subarashii21/depositphotos (Kerzen)
Satz: Eberl & Koesel Studio, Kempten
Gesetzt aus der Scala
Gedruckt von ScandBook in Litauen

Inhaltsverzeichnis

Liebe Leser!

Wie schön, dass Sie einmal zu mir nach Panidomino kommen! Sonst bin ich es ja immer, die in Deutschland, auf Sylt, auftaucht. Ich habe Ihnen schon viel von meinem Dorf erzählt, aber noch längst nicht alles. Unter uns Frauen in Panidomino geht es ja immer um die gleichen Themen: Männer, Amore, Kinder und Rezepte. Später sind es dann nur noch die Rezepte. Wenn die Männer gestorben oder gebändigt sind, wenn auf Amore nicht mehr zu hoffen ist und die Kinder aus dem Haus sind. Vieles ist dann nicht mehr so wichtig, aber die Rezepte, die bleiben es! Sie werden sogar immer wichtiger. Jede Frau in Panidomino hat ihre eigenen Rezepte, von der Mutter oder Großmutter überliefert, selbst verfeinert mit geheimen Kräutern und Gewürzen. Wenn jemand fragt: »Kannst du mir das Rezept geben?«, ist jede von uns peinlich berührt, denn keine verrät gern ihre kleinen Geheimnisse und Tricks. Aber eine Bitte abschlagen? So was tut keine Italienerin, der Höflichkeit über alles geht. Andererseits ... wer eine Köchin dazu nötigt, ist selbst unhöflich. Und bei der Antwort auf eine Unhöflichkeit darf geschummelt werden. Nicht alles verraten, ein paar Gewürze weglassen, die Garzeiten ein wenig abändern, sodass am Ende, wenn eine Nachbarin zum Beispiel meine Baci di Natale backt, jeder bekennen muss: Bei Carlotta schmecken sie besser.

Dann aber wurde ich auf Sylt immer öfter nach meinen Rezepten gefragt. Von der Nachbarin Frau Kemmertöns, dem Bäcker, der Apothekerin, den Kassiererinnen von Feinkost Meyer, sogar von der Staatsanwältin und der Schwester des Gerichtsmediziners Dr. Hillmot. No, no, in diesem Fall sind das keine Unhöflichkeiten, bei den Friesen muss man das anders sehen. Menschen, die begeistert Fischbrötchen, Labskaus und Grünkohl essen, die Kartoffelsalat mit matschiger Mayonnaise zubereiten und den Fisch mit einer dicken Panade unkenntlich machen, ehe sie ihn braten, haben eine andere Vorstellung von guter Küche. Die verstehen nicht, dass Rezepte als gut gehütete Geheimnisse von einer Generation in die nächste getragen werden. Bei den Friesen ist alles ein bisschen anders als in bella Italia. Und deswegen habe ich mich entschlossen, meine Rezepte preiszugeben – und die meiner Nachbarn, Freundinnen und Verwandten gleich mit. Die können ja kein Deutsch, und von diesem Buch wissen sie nichts …

Buon appetito!
Ihre Mamma Carlotta

Roberto und seine Geschwister

Panidomino ist zwar nur ein kleines Bergdorf in Umbrien, aber manchmal kommt es mir so vor, als passiere dort mehr als in großen Städten oder auf Sylt. Das mag daran liegen, dass in einem Dorf einer auf den anderen guckt, die Kontakte eng sind und jeder Einblick in das Leben des anderen hat. So kommt vieles ans Tageslicht, was dort, wo das Leben anonym abläuft, gar nicht bemerkt wird. In Panidomino gibt es auch das eine oder andere Unikum, das in einer Stadt womöglich verhaltensgestört genannt und zum Außenseiter gemacht würde. In einem Dorf wie unserem ist dagegen jeder integriert, auch diejenigen, die in einer großen, unübersichtlichen Gesellschaft vielleicht an den Rand gedrängt werden.

Sì, meine Heimat ist bello. Sehr schön! In Panidomino wird auch noch täglich gekocht, in fast jedem Haus. Fast Food? So was gibt es bei uns nur ganz, ganz selten. Eine Italienerin wird vor der Hochzeit für ihre Schönheit gerühmt und nach der Hochzeit für ihre Kochkunst. Und Letzteres ist viel wichtiger, denn Schönheit vergeht ja bekanntlich …

Roberto, einer der Weinbauern in Panidomino, gehört praktisch zur Familie. Mein Schwiegervater war mit ihm befreundet, und mein Dino ging jeden Monat zu ihm und kaufte Wein. Dass er dann immer beschwipst nach Hause kam … aber Schwamm drüber. Roberto ist schon über siebzig, und seit mindestens vierzig Jahren geht er jeden Abend nach der Arbeit in Luigis Trattoria. Lange Zeit trank er dort immer drei Gläser Limoncello.

»Einen für mich, einen für meinen Bruder in Palermo und einen für meine Schwester in Milano.«

Das ging wie gesagt vierzig Jahre lang so. Dann aber erschien er eines Abends bei Luigi und bestellte zwei Gläser Limoncello. »Due!«

Luigi war erschrocken: »Dio mio! Gibt es einen Todesfall in der Familie?«

»No, no«, wehrte Roberto ab. »Aber il Dottore hat mir geraten, mit dem Trinken aufzuhören. Sonst habe ich nicht mehr lange zu leben.«

Luigi sah das ein und serviert Roberto seitdem nur die Limoncelli für seine Geschwister. An seinem achtzigsten Geburtstag aber hat Roberto noch einmal über die Stränge geschlagen und sich mal wieder einen Limoncello ganz für sich allein gegönnt …

Limoncello

Das Rezept ist von meiner lieben Freundin Charlotte, eine Österreicherin, die einen Italiener geheiratet hat und seitdem in Chianciano wohnt. Luigi hat mich so lange darum gebeten, bis ich es ihm verraten habe.

Zutaten:
10 Zitronen aus Sorrento (oder 20 normale Zitronen), natürlich ungespritzt,
2 l Alkohol, mindestens 90%ig, den es nur in der Apotheke gibt,
2 l Wasser (ein Glas davon abnehmen),
1,8 kg Zucker

Zubereitung:
Die Zitronen schäle ich ganz dünn, die weißen Hautreste müssen alle entfernt werden. Dann nehme ich den Alkohol, fülle ihn in große Flaschen und gebe die Schalen dazu. Nach ca. 10 Tagen schüttet man den Alkohol durch ein Sieb z.B. in eine Schüssel. Dann koche ich das Wasser mit dem Zucker kurz auf, damit sich der Zucker auflöst. Wenn die Zuckerlösung erkaltet ist, wird sie mit dem Zitronenalkohol gemischt und wieder in die Flaschen gefüllt. Eisgekühlt schmeckt Limoncello am besten, sehr gut auch mit Prosecco.

Liebe geht durch den Magen

Chiara war die Schneiderin in unserem Dorf, eine gute Frau. Keine Mühe war ihr zu groß, um ihren geliebten Mann zu verwöhnen. Matteo liebte sie natürlich auch, aber vor allem ihre Bruschette. »Chiaras Bruschette«, das behauptete er oft, »sind noch besser als ihr Busen und ihr Hintern.«

Madonna! So was sagt man doch nicht! Erst recht nicht, wenn der Busen zu dick und der Hintern zu breit ist. Unter diesen Umständen ist es nicht schwer, besonders gute Bruschette zu servieren. Zugegeben, Chiaras waren wirklich gut, aber nicht besser als meine und die der anderen Frauen in unserem Dorf. Bruschette können wir alle zubereiten, das lernen wir schon von klein auf...

Und jetzt sitzt Matteo da und klagt jeden Tag, dass er Chiaras Bruschette nicht mehr zu essen bekommt. Mittlerweile ist er ein alter Mann, der immer noch nicht begreifen kann, dass Chiara gegangen ist. Es war doch nicht das erste Mal, dass er sie losschickte, damit sie Rotwein für ihn besorgte, mitten in der Nacht, als alle Geschäfte geschlossen waren. Chiara, folgsam wie immer, war zu der Tankstelle gegangen, in der neben der Kasse immer ein großes Fass Vino rosso stand, aus dem der Tankwart für sie einen Liter abzapfte. Was dann geschah, hat der Tankwart später oft erzählt. Ein Wagen mit einem deutschen Kennzeichen war vorgefahren, der Fahrer hatte Chiara angesprochen. Und dann war sie einfach zu ihm ins Auto gestiegen. Den Rotwein habe sie neben der Tanksäule stehen lassen, erzählte der Tankwart. »Basta!«

Seitdem bekommt Matteo jedes Jahr zum Geburtstag eine Karte von Chiara, aber eine Erklärung für ihr plötzliches Verschwinden hat sie ihm niemals geliefert. Und er rührt keine Bruschetta an, die man ihm vorsetzt. »Chiaras waren die besten«, lallt er dann jedes Mal, »andere will ich nicht.«

Bruschette
so, wie ich sie mache

Zutaten:
Ciabattabrot,
Tomaten,
rote Zwiebeln,
Knoblauch,
Olivenöl,
Salz,
schwarzer Pfeffer,
Basilikumblätter

Zubereitung:
Ciabattabrot in Scheiben schneiden. Tomaten würfeln, rote Zwiebeln klein schneiden, Knoblauch fein hacken. Tomaten und Zwiebeln mit Olivenöl vermengen und mit Salz und Pfeffer abschmecken. Die Brotscheiben toasten (geht aber auch ungetoastet), mit den gehackten Knoblauchzehen bestreuen und evtl. mit Öl beträufeln. Die Tomatenmischung auf die Scheiben geben und mit Basilikumblättern garnieren. Das kann in Italien wirklich jede Frau. Nicht nur Chiara!

Sie wollen genaue Mengenangaben haben? Die gibt es bei Bruschette nicht. Ist die Familie klein, nimmt man eben zwei oder drei Tomaten, kommt Besuch, müssen es zwei oder drei Kilo sein. Da braucht man Fingerspitzengefühl. Tatto – wie wir in Italia sagen.

Liebesgrüße aus Panidomino

Ich habe Ihnen schon gelegentlich von dem Bäcker auf Sylt erzählt. È vero, es gibt mehrere. Der, den ich meine, hat seine Bäckerei in Wenningstedt und eine Schwester, die in der Türkei verheiratet ist. Der Bäcker ist immer in Sorge um sie. Kann ein Mensch, fragt er oft, der mit Krabbenbrot, Labskaus und Grünkohl groß geworden ist, mit Köfte und Kebab glücklich werden? Das fragt er mich immer wieder, aber eine Antwort habe ich nicht für ihn. Meine Tochter war mit Antipasti, Primo, Secondo und Dolce groß geworden, musste sich aber damit abfinden, dass Enrico und die Kinder oft nur ein gebratenes Fischfilet mit Kartoffelsalat wollten und dafür gern auf die anderen Gänge verzichteten. Der Bäcker nimmt seiner Schwester, wenn er sie besucht, immer frisch gekochtes Labskaus mit, und ich habe, wenn Lucia in Panidomino zu Besuch war, Pesto alla Genovese zubereitet und ihr mit nach Sylt gegeben. Natürlich hätte sie das Pesto auch selbst machen können, Feinkost Meyer hat alles im Sortiment, was dafür nötig ist. Aber die Oliven von dem Weinbauern am Rand unseres Dorfes sind nun mal die besten, und der Pecorino, den Giovanni auf dem Markt verkauft, ist unvergleichlich. Lucia hat immer wieder bestätigt, dass ihr mein Pesto alla Genovese am besten schmeckt. Sie wissen zum Glück nicht, wie der Pecorino von Giovanni schmeckt und wie gut die Oliven aus Panidomino sind. Deshalb wird Ihnen das Pesto alla Genovese auch schmecken, wenn Sie sich die Zutaten im Supermarkt besorgen.

Pesto alla Genovese

Zutaten:
60 g Pinienkerne,
50 g alter Parmesan,
50 g Pecorino,
4 Knoblauchzehen,
4 Töpfe Basilikum,
150 ml Olivenöl + Olivenöl zum Auffüllen

Zubereitung:
Ich röste die Pinienkerne auf einem Blech im vorgeheizten Backofen bei 160 °C auf der zweiten Schiene. Ungefähr 10–12 Minuten dauert es, bis sie goldbraun sind. Danach abkühlen lassen! Dann reibe ich den Käse, hacke den Knoblauch und zupfe die Basilikumblättchen ab. 100 g der Blättchen wasche und tupfe ich trocken. Ich gebe den Käse, Knoblauch, Basilikum und Pinienkerne in einen hohen Becher und zerkleinere alles mit dem Blitzhacker. Anschließend wird das Olivenöl untergerührt. Dann fülle ich das Pesto in saubere verschließbare Gläser, bis einen Finger breit unter dem Rand. Bis oben hin mit Öl auffüllen und verschließen!
So haben Sie immer ein gutes Pesto im Haus.

Ein Schwein in Raffaellos Trattoria

In Raffaellos Trattoria in Panidomino wird eine Minestrone serviert, die überall bekannt ist. Niemand kocht sie so gut wie Raffaello. Jeden Abend bekommt er von seinen Gästen zu hören: »Delizioso! Magnifico! Fantastico!«

Eines Abends erschien ein Ehepaar bei ihm, das ebenfalls die Minestrone bestellte. Was Raffaello an diesem Abend zu hören bekam, erzählt er heute noch auf jeder Geburtstagsfeier, jeder Hochzeit, jeder Taufe.

Dem Mann passierte es, dass er die ganze Minestrone über seiner Hose verschüttete. Entsetzt sprang er auf und rief: »Madonna! Ich sehe ja aus wie ein Schwein!«

Die Frau blieb ganz ruhig. »Ich weiß, mein Lieber! Und außerdem hast du auch noch die Minestrone auf deiner Hose.«

Und wenn Raffaello diese Geschichte noch hundertmal erzählt, wir lachen immer wieder darüber.

Minestrone
Italienische Gemüsesuppe

Jede italienische Region schwört auf ihre eigene Zubereitung. Bei uns in Panidomino wird sie so gekocht, dass sie grün aussieht. Dafür nehme ich grüne Bohnen, Weißkohl, Zucchini und Pesto alla Genovese (siehe das Rezept weiter vorne). Klein geschnittene Kartoffeln dazu, damit die Suppe sämig wird, man kann aber auch Reis hineingeben. Für eine Minestrone eignet sich jedes Gemüse, man kann das nehmen, was man gerade zur Hand hat, was im Garten wächst oder günstig auf dem Markt zu haben ist. Am Ende Parmesan darüberreiben oder auch Provolone-Käse, der schmeckt besonders pikant. Natürlich kann man das Gemüse auch in Weißwein kochen, und wer es gerne scharf hat, gibt ein wenig Chili dazu. Die Mengen? Dio mio! Viel Gemüse für viele Leute und wenig für wenige Leute. Chiaramente!

Weidmannsheil für Matilda

Filippo ist der einzige Friseur in unserem Dorf und ein leidenschaftlicher Jäger. Nach langem Drängen ließ er sich von seiner Frau Matilda überreden, sie einmal mit auf die Jagd zu nehmen. Sie versprach ihm dafür sein Leibgericht, toskanisches Wildschweinragout, das er so liebte. Diesmal aber wollte sie das Wildschein unbedingt selbst erlegen.

Im Wald zeigte Filippo ihr, wie sie das Gewehr zu bedienen hatte und wie sie sich am besten versteckte. Weiterhin erklärte er ihr, dass es auf der Jagd sehr wichtig sei, nach dem Schuss sofort zu dem erlegten Tier zu eilen, weil derjenige Anspruch darauf erheben könne, der als Erster beim erlegten Wild sei. Jedenfalls ist das in Italia so. In Germania auch? Ich weiß es nicht.

Matilda nickte eifrig. »Sì! Capito!«

Nach kurzer Zeit hörte Filippo einen Schuss. Ihm war sofort klar: Den musste Matilda abgegeben haben. Schnell lief er zu ihr, um zu sehen, ob sie auch alles richtig machte. Und bereits von Weitem sah er, dass seine Frau und ein fremder Mann wild diskutierend um einen Kadaver herumstanden. Filippos Brust war voller Stolz. Dieses Teufelsweib! Zum ersten Mal auf der Jagd und gleich ein kapitales Wildschwein erlegt!

Aber als er näher herankam, hörte er den Mann sagen: »Meinetwegen, es ist Ihre Beute, ich muss es wohl einsehen. Aber ... darf ich bitte vorher wenigstens den Sattel abnehmen?«

Cinghiale alla Volterrana
Toskanisches Wildschweinragout

Zutaten für 4 Portionen:
1 kg Wildschwein aus der Keule ohne Fett und Knochen,
1 Zwiebel,
2 Stangen Staudensellerie,
1 Möhre,
5 Wacholderbeeren,
1 Knoblauchzehe,
je 1 Zweig Rosmarin, Thymian und Majoran,
3/4 l Rotwein (am besten Chianti),
60 ml Rotweinessig,
3 EL Mehl,
30 g Pinienkerne,
einige Backpflaumen,
30 g geriebene Zartbitterschokolade,
Olivenöl,
Salz,
Balsamicoessig

Zubereitung:
Das Fleisch würfeln und in eine Schüssel geben. Matilda gibt dann den Vino rosso, die in Scheiben geschnittene Zwiebel und Sellerie und die Möhrenstücke hinzu, außerdem ein zerbröckeltes Lorbeerblatt, zerdrückte Wacholderbeeren, Majoran, Thymian, zerdrückten Knoblauch und Rosmarin. Ich habe ihr schon oft dabei zugesehen, das Ragout aber noch nie selbst gemacht. Natürlich trinken wir während des Kochens gerne ein Gläschen Vino, dann muss man natürlich mehr Rotwein einplanen. Matilda hat immer eine ganze Flasche aus dem

Keller geholt. Das Fleisch lässt sie in der Marinade zugedeckt 24 Stunden ziehen und rührt es währenddessen mehrmals um. Am nächsten Tag nimmt sie die Fleischstücke heraus, lässt sie abtropfen, tupft sie ab und wendet sie in Mehl. Gemüse und Kräuter nimmt sie aus der Marinade und stellt sie beiseite. Das Öl wird in einem Topf erhitzt und das Gemüse und die Kräuter darin angebraten. Matilda nimmt sie anschließend heraus und brät das Fleisch in dem heißen Fett von allen Seiten gut an. Dann gibt sie das Gemüse und die Kräuter wieder dazu und löscht alles mit der Marinade ab. Zugedeckt muss es auf ganz kleiner Flamme 3 Stunden schmoren. Madonna, eine lange Zeit, in der man viel Vino rosso trinken kann, während man auf das Fleisch aufpasst. Da muss ich Sie wirklich warnen.

Nach der Hälfte der Zeit nimmt Matilda, wenn sie es nicht vergisst, weil sie zu viel Vino getrunken hat, das Fleisch heraus und legt es auf einen Teller. Die Kräuter fischt sie aus der Soße und püriert sie. Dass ihr der Zauberstab dabei einmal in die Soße gefallen ist, lasse ich unerwähnt. Das war an dem Tag, an dem sie zwei Flaschen Rotwein aus dem Keller geholt hatte. Fleisch und Soße werden wieder in den Topf gegeben, die gehackten Pinienkerne, die in feine Streifen geschnittenen Pflaumen und die Bitterschokolade hinzugefügt. Dann Rotweinessig angießen und das Ganze nochmals ca. 1 1/2 Stunden schmoren. Ich denke mit Schrecken an den Ostersonntag, als Matilda den Rotwein mit dem Essig verwechselt hat. Dio mio, haben wir uns geschüttelt! Aber ich weiche vom Thema ab ... Allora, das Ganze wird mit etwas Aceto balsamico und Salz abgeschmeckt. Perfetto!

A proposito ... meine Freundin Marina hat das Rezept ausprobiert und es ein wenig abgewandelt. Sie nimmt seitdem statt der Pflaumen ungesüßtes Feigenmus. Marina hat nämlich einen riesigen Feigenbaum im Garten, der so viele Früchte trägt, dass ihrer Familie die Feigen irgendwann aus den Ohren herauskommen.

Und meine Schwägerin Rosamunda hat das Rezept ebenfalls verändert. Sie hat einmal Hirsch genommen statt Wildschwein, weil ihr Mann, mein Bruder Michele, gerade einen Hirsch geschossen hatte. Das schmeckte auch sehr gut. Buono!

Die fleißigen Handwerker

Gute Handwerker sind selten, das ist in Umbrien genauso wie auf Sylt. Meine Tante Oliva ließ sich viele Angebote und Kostenvoranschläge machen, ehe sie sich entschloss, mit dem Verlegen des neuen Teppichbodens die Firma von Tommaso zu beauftragen, dem Schwiegersohn meiner Freundin Marina. Was geschah, erfuhr ich rein zufällig und auch nur, weil Tommaso betrunken war und vergessen hatte, dass er niemals über diese Angelegenheit hatte reden wollen.

Tante Oliva merkte schnell, dass Tommaso und sein Geselle Samuele gute Arbeit leisteten. Damit sie nicht müde wurden und ihr Eifer nicht nachließ, kochte sie ihnen einen Espresso nach dem anderen und hatte schließlich sogar eine Ricottatorte für die beiden gebacken. Entsprechend genossen Tommaso und Samuele die Arbeit bei Tante Oliva und gaben sich große Mühe mit dem Verlegen des Teppichbodens.

Als sie nach drei Tagen fertig waren, betrachteten sie ihr Werk ... und da fiel ihnen eine böse Beule auf.

»Wie konnte das passieren?«, fragte Tommaso erschrocken und machte Samuele dafür verantwortlich. Der war sich keiner Schuld bewusst, aber da der Chef immer recht hat, wagte er nicht zu widersprechen.

»Jetzt müssen wir den ganzen Teppichboden wieder herausnehmen«, tobte Tommaso.

Aber Samuele hatte eine bessere Idee. »Ich glaube, ich weiß, wie das passiert ist«, meinte er. »Das muss meine Zigarettenschachtel sein. Die kann ich nirgendwo finden. Ehe wir alles noch mal rausreißen, trampeln wir das Ding einfach platt. Davon wird Oliva später nichts merken. Sie sieht ja nicht mehr besonders gut.«

Tommaso hielt das für einen grandiosen Einfall. Sorgfältig traten sie so lange auf der Beule herum, bis sie kaum noch zu erkennen war. Da sie wussten, dass Tante Olivas Augen nicht mehr die besten waren, glaubten sie daran, dass sie nichts bemerken würde.

Gerade hatten sie ihr Werkzeug zusammengeräumt, da kam Tante Oliva herein, mit einem Tablett in Händen, darauf ein weiterer Espresso, die letzten Stücke der Ricottatorte und…eine Zigarettenschachtel. »Die habe ich in der Küche gefunden«, erklärte sie. »Die gehört sicherlich einem von Ihnen.« Suchend sah sie sich um. »Übrigens … haben Sie meinen Hamster irgendwo gesehen? Der ist plötzlich verschwunden.«

Meiner Freundin Marina musste ich in die Hand versprechen, dass ich ihren Sohn niemals verrate. Aber mittlerweile ist Tante Oliva gestorben, und Tommaso hat das Rentenalter erreicht und die Firma verkauft. Außerdem kennt ihn in Germania ja sowieso niemand …

Torta di Ricotta
Ricottatorte

Zutaten:
50 g Rosinen,
5 EL Marsala,
200 g Mehl und etwas Mehl zum Bestäuben,
120 g Butter und etwas Butter zum Einfetten,
80 g Zucker,
2 Eigelbe, abgeriebene Schale von einer Zitrone,

350 g Ricotta,
25 g Semmelbrösel

Zubereitung:
Tante Oliva gab für die Ricottatorte Rosinen und Marsala in einen Topf und ließ alles bei niedriger Temperatur 10 Minuten köcheln. Dieser Duft! Das weckte schon Vorfreude! Tante Oliva hat oft behauptet, der Finanzbeamte, der vor vielen Jahren nebenan wohnte, habe jedes Mal bei ihr angeklopft, wenn sie Ricottatorte zubereitete. Aber das lag vielleicht auch daran, dass Tante Oliva damals noch dreißig Jahre jünger war. Während die Rosinen im Marsala kochten, hat sie das Mehl auf eine Arbeitsfläche gesiebt, eine Vertiefung in die Mitte gedrückt und die Margarine, 50 g Zucker, ein Eigelb und die Hälfte der Zitronenschale hineingegeben. Und dann wurde geknetet. Tante Oliva hatte kräftige Muskeln, sie konnte kneten, bis der Teig schön glatt war, vorher gönnte sie ihm keine Pause. Eine Stunde durfte der Teig sich dann aber ausruhen, währenddessen heizte Tante Oliva schon mal den Ofen auf 180 °C vor. Dann wurde eine Kuchenform eingefettet und leicht mit Mehl bestäubt, damit der Kuchen später glatt aus der Form rutschte. Die Rosinen musste sie abtropfen lassen und später ausdrücken. Ich glaube, Tante Oliva hat oft während des Backens schon die eine oder andere stibitzt. Ich fand immer, dass ihr Kuchen mehr Rosinen hätte vertragen können, und außerdem fand ich, dass sie immer besonders lustig war, wenn sie Ricottatorte gebacken hatte. Das zweite Eigelb rührte sie mit dem restlichen Zucker schaumig und mischte Ricotta, Semmelbrösel, Rosinen und die andere Hälfte der Zitronenschale darunter. Die Hälfte des Teiges hat sie etwa 5 mm dick ausgerollt, die Form damit ausgelegt und die Ricottamasse darauf verteilt. Dann hat sie den restlichen Teig

ausgerollt, in Streifen geschnitten und wie ein Gitter auf die Ricottamasse gelegt. Einige Teigstreifen hat sie noch am Rand entlang angedrückt, dann sah der Kuchen immer wunderbar aus. Meraviglioso! 45 Min. backen, dann in der Form auskühlen lassen. Fantastico, zia Oliva!

Ernesto und Francesca

Der Bruder meines Schwiegervaters hatte eine Kuh. Sì, nur eine einzige. Eigentlich hatte er mal von einer großen Herde geträumt, wollte züchten, Biofleisch verkaufen, aber … dann starb seine Frau. Und allein traute Zio Ernesto sich diese Aufgabe nicht zu. Er hätte die Hilfe seiner Frau nötig gehabt. Also kam zu Francesca, wie er die Kuh getauft hatte, keine weitere hinzu. Sie war das einzige Lebewesen in seinem Haushalt, kein Wunder also, dass er eine besondere Beziehung zu ihr aufbaute.

Als Francesca krank wurde, war Zio Ernesto sehr besorgt. Was sollte er tun? Den Tierarzt rufen? Das war ihm zu teuer. Lieber wollte er zunächst bei einem Nachbarn nachfragen, dessen Kuh vor einem Jahr ebenfalls krank geworden war. Mit ganz ähnlichen Symptomen.

Er machte also einen Besuch auf dem Hof und fragte: »Alessio, deine Kuh war doch auch so krank. Was hast du denn damals gemacht?«

»Amarettobowle«, antwortete Alessio. »Ich habe ihr ganz viel Amarettobowle gegeben!«

Zio Ernesto bereitete also einen ganzen Eimer Amarettobowle zu und flößte Francesca jeden Tag mehrmals etwas davon ein. Aber was soll man sagen? Am Sonntag lag Francesca tot im Stall. Madonna, war das ein Theater! Eine Woche trauerte der Bruder meines Schwiegervaters um seine Kuh, dann lief er zu dem Bauern, der ihm den Rat gegeben hatte.

»Meine Kuh ist gestorben«, klagte er. »Die Amarettobowle hat nicht geholfen.«

Alessio nickte. »So war es bei meiner damals auch. Sie ist ebenfalls gestorben. Trotz der schönen Amarettobowle.«

Amarettobowle
Alessios Rezept, für Kühe ungeeignet

Zio Ernesto hat die Bowle, nachdem er den Tod seiner einzigen Kuh endlich verkraftet hatte, noch öfter gemacht. Und von Mal zu Mal versteht er weniger, dass Francesca diese wunderbare Bowle nicht überlebt hat.

Zutaten:
1 Glas Sauerkirschen mit Saft,
1 Glas Amarenakirschen mit Sirup,
1 Flasche Cidre,
1 Flasche Amaretto,
1 Flasche Sekt

Zubereitung:
Die Sauerkirschen und die Amarena-Kirschen mischt Onkel Ernesto mit dem Amaretto und lässt alles einen Tag ziehen. Eine halbe Stunde vor dem Servieren füllt er dieses Gemisch dann mit den übrigen Zutaten auf.

Scusi, ich muss noch etwas anfügen. Trinken Sie nicht zu viel davon, so wie mein Dino es einmal getan hat. Dio mio, drei Tage hat es gedauert, bis er wieder aufstehen konnte und einigermaßen bei Kräften war.

In vino veritas

Alessandro war früher Weinhändler in unserem Dorf und ein ehrlicher Mann. Leider übertrieb er es manchmal mit der Ehrlichkeit. Seine Frau Monica ärgerte sich oft darüber, dass Alessandro den schlechten Wein nicht loswurde, der seit Jahren im Keller lagerte. Denn hatte ein Kunde Interesse daran, sagte Alessandro: »Besser, Sie kaufen ihn nicht, er taugt nichts.«

Wie sollten sie ihren Lebensunterhalt verdienen, klagte Monica, wenn er die Kunden lieber mit leeren Händen aus dem Laden schickte, statt ihnen den schlechten Wein anzudrehen, der notfalls als Essig zu verwenden gewesen wäre?

Nachdem die Frau unseres Bürgermeisters bei ihm gewesen war, dachte Monica, dass sie den Laden nun wohl schließen müssten. Die Signora war derart empört, dass Monica fürchtete, der Ruf ihres Mannes sei nun vollkommen ruiniert. Es war der Hochzeitstag des Bürgermeisterehepaares, und die Frau wollte zur Feier des Tages eine Parmigiana di Melanzane machen, die ihr Mann besonders schätzte. Natürlich wollte sie einen Wein kredenzen, der gut dazu passte.

Sie ging also zu Alessandro und fragte: »Welchen Wein würden Sie zum zehnten Hochzeitstag empfehlen?«

Alessandro betrachtete sie ausgiebig, schien zu überlegen, ob Ehrlichkeit auch in diesem Fall angebracht war, und antwortete dann vorsichtig: »Das kommt darauf an, Signora. Wollen Sie die Zeit feiern, lieber vergessen oder sich an Ihrem Mann rächen?«

Das ganze Dorf lacht noch heute über diese Antwort, während Monica, als sie davon hörte, in Tränen ausbrach und schon anfing, in einer anderen Stadt ein neues Ladenlokal zu suchen. Aber erstaunlicherweise gingen die Geschäfte anschließend sogar besser als vorher. Wenn auch die Frau des Bürgermeisters nicht mehr bei ihm kaufte, alle anderen betraten nun umso öfter seinen Laden. Einen so ehrlichen Geschäftsmann müsse man unterstützen, hieß es.

Parmigiana di Melanzane
Auberginenauflauf

Die Frau des Bürgermeisters hat mir das Rezept später gegeben. Es ist ganz einfach.

Zutaten:
3 EL Olivenöl,
4 große Auberginen,
500 g Tomaten,
Tomatensaft,
Salz,
Pfeffer,
100 g frisch geriebener Parmesan,
Mehl,
Basilikum,
1 l Maiskeimöl,
2 Stück Provola affumicata (das ist ein geräucherter Büffelmilch-Mozzarella)

Zubereitung:
Für den Sugo die geschälten Tomaten würfeln, im Olivenöl andünsten, etwas Tomatensaft angießen, ca. 10 Minuten zugedeckt kochen lassen und würzen. Währenddessen schnei-

det man die Auberginen der Länge nach in dicke Scheiben. Sie werden gesalzen und stehen gelassen, bis sich ein bräunliches Wasser abgesetzt hat. Danach wasche ich sie ab, trockne sie und wende sie im Mehl. Anschließend wird es ein bisschen langweilig, denn die Auberginenscheiben müssen nach und nach, auf keinen Fall alle auf einmal, in reichlich Öl goldbraun frittiert werden. Danach gut abtropfen lassen – basta!

Nun den Boden einer eingefetteten Auflaufform mit den frittierten Auberginenscheiben belegen, den Tomatensugo darübergießen, den in Scheiben geschnittenen Provola-Käse darüberschichten und alles wieder mit Auberginen bedecken. Die Form muss in dieser Reihenfolge schichtweise gefüllt werden. Den Abschluss bildet eine Schicht Sugo und reichlich geriebener Parmesan.

Die Form wird dann, mit Alufolie abgedeckt, bei 200°C für etwa eine halbe Stunde in den Ofen geschoben. Die letzten 10 Minuten kann man die Folie abnehmen, damit die Oberfläche schön braun wird. Ich garniere den Auflauf zum Schluss immer mit Basilikumblättern, das sieht sehr appetitlich aus.

Der singende Pater und seine süßen Sünden

Vor vielen Jahren, als Pater Angelo noch lediglich Angelo hieß und ein junger Mann war, schien er mit seinem Gesang auf dem Weg zum Weltruhm zu sein. Er stand kurz vor einem Engagement an der Mailänder Scala, als es passierte: Angelo fiel der Mafia in die Hände, saß in einem finsteren Verlies und fürchtete, dass es mit seinem Leben vorbei war. Verzweifelt betete er und versprach dem heiligen Adone von Arezzo, dem Schutzheiligen unseres Dorfes, sein Leben der Kirche zu weihen, wenn dieser dafür sorgte, dass ihm die Freiheit zurückgegeben wurde.

Tatsächlich halfen seine Gebete. Die Polizei stürmte das Gebäude, in dessen Keller Angelo saß, befreite ihn, und der kommende Star am Theaterhimmel sah sich genötigt, sein Gelübde zu erfüllen: Er ging ins Kloster. Seitdem wandert er oft in seiner Mönchskutte durch die Weinberge und singt, als wollte er das Talent nicht vergessen, das ihm der liebe Gott geschenkt hat. Die Haushälterin des Klosters wird ständig von der Angst gepeinigt, dass Pater Angelo auf sein Gelübde pfeifen und sich bei der Mailänder Scala zurückmelden könnte. Sie rennt dann hinter ihm her, mit einer Schüssel voller Cantuccini, denn Angelo liebt sie. Er behauptet, niemand mache so gute Cantuccini wie die Haushälterin.

Und sie stellt ihn dann vor die Entscheidung: »Meine Cantuccini und der Segen des Herrn oder eine Karriere an der Mailänder Scala! Aber vergessen Sie nicht, dass nach einer einzigen Halsentzündung alles vorbei sein kann!«

Bis jetzt hat Pater Angelo sich immer für die erste Möglichkeit entschieden, wobei nicht ganz klar ist, was dabei den Ausschlag gibt: die Cantuccini oder der Segen des Herrn. In Panidomino tragen die Cantuccini seitdem einen besonders schönen Namen: »Die kleinen Segnungen des Herrn!«

Cantuccini
Italienisches Mandelgebäck

Die Haushälterin macht nie viele Cantuccini auf einmal, weil Pater Angelo sich sonst den Magen verdirbt.

Zutaten für eine kleine Menge:
200 g Mandeln,
1 unbehandelte Zitrone,
120 g weiche Butter,
400 g Mehl,
1/2 Päckchen Backpulver,
2 Päckchen Vanillezucker,
200 g Zucker,
3 Eier

Zubereitung:
So hat meine Mutter sie gemacht. Und da sie eine gute Frau war, hat sie das Rezept der Mutter der Haushälterin gegeben. Auf diese Weise ist es in das Haus des Pfarrers gekommen. Es gibt nämlich viele Cantuccini-Rezepte, jede Hausfrau in Panidomino hat ihr eigenes. Dieses hier aber – ganz im Vertrauen – ist das beste. Mamma und ich haben die Cantuccini oft zusammen gebacken.

Wir haben die Mandeln in einer Pfanne ohne Fett geröstet, die Schale der Zitrone abgerieben und sie zusammen mit den übrigen Zutaten verrührt. Das gibt einen recht festen Rührteig. Mamma hat dann die Mandeln untergeknetet, während ich schon mal das Backblech mit Backpapier ausgelegt habe. Gemeinsam haben wir aus dem Teig vier längliche, flache Stränge geformt (etwa 5 cm breit). Bei 175 °C haben wir sie eine halbe Stunde gebacken.

Dann haben wir sie vom Blech genommen und in diagonale Stücke geschnitten. Das geht am besten mit einem Elektromesser. Dio mio, davon hatte ich ja zunächst nichts wissen wollen. Aber dann hat mein Ältester mir so ein Messer zu Weihnachten geschenkt. Und nun weiß ich, wie praktisch ein Elektromesser ist. Damit lassen sich die Cantuccini ruck, zuck zerschneiden. Danach werden sie zurück aufs Blech gelegt und nochmals zehn Minuten gebacken.

Schade, dass meine Mutter die Anschaffung des Elektromessers nicht mehr erlebt hat. Sie war gerade gestorben, als Guido es mir schenkte.

Achtung, Tante Adrianna kommt!

Bei meiner Nachbarin Ginevra kommt regelmäßig eine Tante zu Besuch, die dort nicht besonders gern gesehen wurde. Tante Adrianna gehört zu denen, die überall etwas zu mäkeln haben, die gern kritisieren und alles besser wissen. Und außerdem geschieht es nach dem Besuch der Tante häufig, dass etwas fehlt, ein Stück Gästeseife, ein paar Feigen aus dem Obstkorb oder Pralinen, die Ginevra besonders gern mag und deshalb nie einem Gast anbietet, einmal vermisste sie sogar ihre silberne Zuckerzange.

Aber wenn Tante Adrianna sich anmeldet, beißt Ginevra die Zähne zusammen – immerhin ist sie die Patentante ihres Mannes –, und bereitet eine Torta di Cocco zu, denn die Tante mag diesen Kokoskuchen besonders gern. Tatsächlich lockt er auch alle anderen Familienmitglieder an den Tisch, sogar der sechsjährige Paolo findet sich an der Kaffeetafel ein, wenn Ginevra der Tante diese Torta serviert. Nicht wegen der Tante, sondern wegen des Kokoskuchens. Den mag Paolo so gerne, dass er es sogar erträgt, wenn Tante Adrianna nach seinen Leistungen in der Schule fragt und ihn ermahnt, immer schön fleißig und brav zu sein.

Bei ihrem letzten Besuch fragte sie ihn wieder: »Hilfst du auch immer schön deiner Mamma bei der Hausarbeit?«

Paolo antwortete mit vollem Mund: »Certo, zia! Ich muss immer die Silberlöffel zählen, wenn du gegangen bist!«

Torta al Cocco
Kokoskuchen

Zutaten:
200 g Kokosraspeln,
200 g Zucker,
100 g Mehl,
120 g Butter,
4 Eier,
1 Glas Milch,
1–2 EL Puderzucker,
1 P. Backpulver

Zubereitung:
Ginevra schlägt die Eigelbe mit dem Zucker und der Butter schaumig, dann vermischt sie das Mehl mit dem Backpulver und gibt es mitsamt der Kokosraspeln und der Milch zu dem Ei-Butter-Zucker-Schaum. Das Ganze verrührt sie gründlich und hebt zuletzt das steif geschlagene Eiweiß unter. Ginevra fettet eine Springform ein, und die Torte wird für 40 Minuten bei 160°C gebacken. Sie hat mir erklärt, dass es manchmal gut ist, den Kuchen nach einer Viertelstunde mit Alufolie abzudecken, damit er nicht zu dunkel wird. Er soll eine schöne hellbraune Farbe haben, dann ist er genau richtig. Ginevra findet es zu süß, ich aber gebe, wenn der Kuchen abgekühlt ist, noch Puderzucker darüber. Allein schon, weil es so hübsch aussieht.

Ein kleiner Scherz mit großen Folgen

Signora Sabadini hatte früher eine kleine Wäscherei in Panidomino. Jetzt ist sie Rentnerin, hilft noch manchmal in ihrem früheren Geschäft bei der Mangelwäsche und verbringt die übrige Zeit damit, ihren Sohn und seine Familie zu terrorisieren. Die Schwiegertochter Ilenia kochte eine hervorragende Pilzsuppe. »Delizioso!« Das fand auch ihr Mann, der von ihrer Pilzsuppe gar nicht genug bekommen konnte. Und sogar ihre Schwiegermutter rang sich jedes Mal ein Lob ab, während sie sonst gern an den Kochkünsten ihrer Schwiegertochter herummäkelte und deren Haushaltsführung kritisierte. Als die alte Signora Sabadini eines Tages mal wieder bei Sohn und Schwiegertochter zu Besuch war, setzte Ilenia ihr wieder die Pilzsuppe vor, für die sie schon oft gelobt worden war.

»Delizioso«, seufzte Signora Sabadini erwartungsgemäß. »Woher hast du eigentlich das Rezept? Von deiner Mamma?«

Ilenia bestätigte es. »Aber heute habe ich es verfeinert.«

Ihre Schwiegermutter sah sie fragend an. »Womit?«

»Mit den Zutaten aus einem Krimi. Ich lese gerade ›Die Giftmischerin‹ ...«

Weiter kam sie nicht. Ihre Schwiegermutter sank ohnmächtig vom Stuhl und erlitt nur wenige Minuten später einen tödlichen Herzinfarkt. Madonna! Der Ehemann beschuldigte Ilenia, seine Mutter vergiftet zu haben, und rief die Polizei. Die wollte zunächst nicht glauben, dass Ilenia nur einen Scherz gemacht hatte. Aber nachdem die Pilzsuppe, von der Ilenia und ihr Mann noch nichts gegessen hatten, untersucht worden war, stand fest, dass sich kein einziger Giftpilz in der Suppe befunden hatte. Man glaubte Ilenia endlich, dass sie nur zur Auflockerung der bisher verkrampften Stimmung hatte beitragen wollen. Ihr Mann allerdings zog noch am selben Tag aus. Er blieb dabei: Ilenia hatte seine Mamma umgebracht. So oder so.

Crema di Funghi
Pilzsuppe

Diese Suppe ist besonders schnell gemacht. Wenn man Besuch bekommt, wenn keine Zeit zum Kochen ist, dann ist diese Pilzsuppe genau richtig, vorausgesetzt, man hat die Pilze im Haus. Aber wer in Panidomino lebt, hat den Wald in der Nähe und damit auch Pilze, zumindest, wenn es gerade die richtige Jahreszeit ist. Ich koche häufig nach Ilenias Rezept, aber erst, seit ich sicher bin, dass sie es nicht einem Krimi entnommen hat.

Zutaten für 4 Personen:
10 g getrocknete Steinpilze,
300 g gemischte Pilze, z.B. Champignons und Steinpilze oder was Sie gerade bekommen können, was Ihnen Pilzsucher gebracht haben oder was auf dem Markt zu haben ist.
Eine durchgepresste Knoblauchzehe,
2 EL Butter,
Salz,
Pfeffer,
500 ml Gemüsebrühe,
5 EL gehackte Petersilie,
150 ml Schlagsahne,
1–2 TL Zitronensaft,

Muskat,
100 g geputzte Champignons (können auch aus der Dose sein, wenn man gerade keine frischen im Haus hat).

Zubereitung:
Die getrockneten Steinpilze weiche ich in 200 ml heißem Wasser 10 Minuten ein, währenddessen mache ich mich daran, die gemischten Pilze zu putzen und zu würfeln. Zusammen mit Knoblauch werden sie in Butter angebraten, gesalzen und gepfeffert. Die Steinpilze gebe ich dann mit dem Einweichwasser und der Gemüsebrühe dazu. Aufkochen und zugedeckt 10 Minuten kochen lassen. Noch 2 EL Petersilie dazugeben und dann alles pürieren.

Am Ende wird die Schlagsahne aufgekocht und mit Salz, Pfeffer, Zitronensaft und Muskat abgeschmeckt. Ich schneide die geputzten Steinpilze oder Champignons blättrig, und richte die Suppe mit den Pilzscheiben und zwei Esslöffeln gehackter Petersilie an.

Beim Kartoffelsalat hört die Liebe auf

Als einer unserer Nachbarn eine Deutsche heiratete, war ich glücklich, felicissima. Damals lebte meine Lucia schon auf Sylt, und ich versuchte, Deutsch zu lernen, damit ich mich mit meinem Schwiegersohn und später auch mit meinen Enkelkindern würde unterhalten können. Bei Lucia ging es fix mit dem Deutschlernen, also war ich zuversichtlich. Ich bekam von Guido, meinem Ältesten, einen Deutschkurs geschenkt. Er fuhr mich einmal wöchentlich nach Città di Castello, wo der Kurs stattfand. Es war schön, mal wieder etwas zu lernen, mit meiner Schuldbildung war ich ja nicht weit gekommen. Als es etwas besser ging mit parlare tedesco, habe ich jedes Telefonat mit Lucia auf Deutsch geführt, um zu üben, und als Silke nach Panidomino zog, habe ich immer Deutsch mit ihr gesprochen. Nur die deutsche Küche, von der Silke mich heute noch überzeugen will, gefällt mir nicht besonders. Scusi, aber ihr Rotkohl liegt mir tagelang schwer im Magen, und das Eisbein, zu dem sie mich mal eingeladen hat, war alles andere als eine Augenweide und schon deshalb nur mit dem größten Aufwand an Höflichkeit herunterzubekommen. Und dann Silkes Kartoffelsalat! Patate mit matschiger Mayonnaise! No! Come? Sie mögen auch diesen Kartoffelsalat, der so schwer verdaulich ist, dass man danach nicht einschlafen kann? Dann probieren Sie einmal den italienischen Kartoffelsalat, wie ich ihn zubereite! Prego:

Insalata di Patate
Italienischer Kartoffelsalat mit getrockneten Tomaten

Zutaten für 4 Portionen:
1 kg Kartoffeln,
3 EL Olivenöl,
1 Bund frischer Thymian,
50 g gewürfelter Bacon,
100 g getrocknete, in Öl eingelegte Tomaten,
3 EL Balsamico,
Zucker,
Salz und Pfeffer

Zubereitung:
Den Ofen auf 200 °C vorheizen, die ungeschälten Kartoffeln waschen und vierteln, auf ein gefettetes Backblech geben und mit 2 bis 3 Esslöffeln Olivenöl bestreichen. Thymianblättchen und Salz darüberstreuen. Im Ofen etwa eine halbe Stunde garen. 2 bis 3 Minuten vor Ende der Backzeit die Baconwürfel darübergeben und mitbraten. Dann nehme ich die eingelegten Tomaten aus dem Öl, lasse sie abtropfen und schneide sie in Streifen. Wenn die Kartoffeln fertig sind, müssen sie etwas abkühlen und werden dann gepellt. In der Zwischenzeit kann man schon mal die Marinade machen: aus Olivenöl, Balsamico, Zucker, Salz und Pfeffer. Alles kräftig verrühren und mit den abgepellten Kartoffeln, dem Bacon und den eingelegten Tomaten mischen.

Wenn Sie diesen Kartoffelsalat probiert haben und immer noch den deutschen Kartoffelsalat bevorzugen … Allora, dann kann ich Ihnen auch nicht helfen.

Pasta e basta!

Als unsere Nachbarstochter Fiona heiratete, hatte ich gleich große Bedenken. Ich wusste doch, dass sie nicht kochen konnte! Ihre Mutter hatte versäumt, sie in der Küche anzulernen, wie es sich gehört, wenn man eine heiratsfähige Tochter hat. Fiona behauptete zwar, ich sei von gestern, heutzutage wären die Männer mehr an den intellektuellen Fähigkeiten einer Frau interessiert als an ihren Kochkünsten, aber vorsichtshalber ließ sie ihren Zukünftigen doch im Unklaren. Als Tonino mit Fiona vor den Traualtar trat, hatte er keine Ahnung, dass seine Braut nicht einmal Nudeln kochen konnte. Ein Jahr ging trotzdem alles gut, denn die beiden aßen alltags in der Kantine und ließen sich an den Wochenenden von den Eltern zum Essen einladen. Dann aber wurde Fiona schwanger und beschloss, für eine Weile nur Hausfrau und Mutter zu sein. Ich ermahnte meine Nachbarin, nun endlich dafür zu sorgen, dass Fiona die nötigen Kenntnisse erhielt, die eine Hausfrau haben musste, aber Mutter und Tochter hatten sich eine andere Lösung überlegt. Ecco … es war wohl eher Fiona gewesen, die sich für das Bequemste entschieden hatte. Nämlich dafür, dass ihre Mutter für sie kochte. Aber natürlich so, dass Tonino es nicht bemerkte. Jeden Abend schlich sich meine Nachbarin in das Haus ihres Schwiegersohns und hinterließ einen Topf oder eine Schüssel mit Essen in der Waschküche. Fiona schmuggelte dann heimlich in die Küche, was ihre Mutter für sie zubereitet hatte, und präsentierte es als Ergebnis ihrer eigenen Kochkunst. Tonino war begeistert. Besonders sein Leibgericht, Pennesalat mit Fenchelsalami, schmeckte ihm angeblich noch besser als bei seiner Mutter.

Meine Nachbarin machte den Salat mindestens einmal pro Woche, und Toninos Glück kannte keine Grenzen. Aber dann war meine Nachbarin eines Tages nicht vorsichtig gewesen, als sie den Pennesalat in die Waschküche trug. Sie hatte ein Geräusch verursacht, Tonino glaubte an einen Einbrecher, schlich sich hinter die Tür der Waschküche, mit der Nudelrolle in der Hand … und meine Nachbarin wurde noch in derselben Nacht mit einer schweren Gehirnerschütterung nach Città di Castello ins Krankenhaus gebracht. Fionas Ehe überstand diesen Vertrauensbruch nur, weil sie am Krankenbett ihrer Mutter schwor, auf der Stelle einen Kochkurs zu belegen. Der Pennesalat gelingt ihr bis heute zwar nicht so gut wie ihrer Mutter, aber wenn Tonino ihn isst und wehmütig an das Essen seiner Schwiegermutter zurückdenkt, weiß er wenigstens, dass er nicht mehr belogen wird.

Insalata di Penne con Salame al Finocchio
Pennesalat mit Fenchelsalami

Zutaten für 4 Personen:
300 g kleine Nudeln (z.B. Penne),
Salz und Pfeffer,
1 kleine Fenchelknolle,
1/2 l Gemüsebrühe (Instant),
4 EL weißer Balsamicoessig,
1/2 TL Tabasco,
2 TL Worcestersoße,
1 EL Honig,
5 EL Olivenöl,

2 Knoblauchzehen,
2 TL Kapern,
100 g luftgetrocknete Fenchelsalami in dünnen Scheiben,
100 g schwarze Oliven,
100 g Rucola

Zubereitung:
Die Nudeln kochen. In der Zwischenzeit den Fenchel putzen, waschen und in sehr dünne Scheiben schneiden. Das macht Fiona nie richtig, die zu faul ist und den Fenchel einfach in dicken Stücken zu dem Salat gibt. Aber das verdirbt den Geschmack völlig. Für die Soße muss man vom Nudelwasser eine kleine Kelle abnehmen und die Instantbrühe darin auflösen. Mit Essig, Tabasco, Worcestersoße und Honig mischen. Öl darunterschlagen, Knoblauch sehr fein hacken, zusammen mit den Kapern unterrühren. Nudeln mit der Soße mischen, Salami, Oliven und Fenchel daruntermischen und alles eine halbe Stunde ziehen lassen. Vor dem Servieren sollte man ihn noch einmal abschmecken, was Fiona natürlich auch jedes Mal vergisst.

Der Macho im Gemüsebeet

Zehn Jahre ist es jetzt her, gerade zur Tomatenernte. Dio mio, war das ein Schreck! Zuerst herrschte ja große Freude, als meine Nichte Mia aus Milano anrief und mitteilte, dass sie sich verlobt habe. Auch als sie ihren Besuch ankündigte, um uns ihren Zukünftigen vorzustellen, war ich hocherfreut. Aber als es hieß: »In einer halben Stunde sind wir da, wir müssen nur noch die Serpentinen von Città di Castello hochfahren«, da geriet ich in Rage. Madonna, ein neuer Verwandter! Auf so einen Besuch will man doch vorbereitet sein!

Zum Glück hatte ich reichlich Schafskäse im Haus. Und da die Tomaten reif waren, beschloss ich, eine Schafskäsecreme zu machen und die frischen Tomaten damit zu füllen. Das geht molto presto. Sandra, die Frau meines Ältesten, half mir, so war die Füllung in einer Viertelstunde fertig. Schnell lief ich in den Garten, um ein paar Tomaten zu pflücken, da hörte ich das Geräusch eines Motors. Ein schneller Wagen! Ein Sportwagen? Ich wollte zum Zaun laufen, um nachzusehen, ob Mia sich etwa mit einem Rennfahrer verlobt hatte, da geschah es auch schon: Ein Auto bretterte durch meinen Gartenzaun und kam mitten in meinem Gemüsebeet zum Stehen. Dio mio! Zum Glück hatte ich den Zaun noch nicht erreicht, sonst hätte mich Pepe, Mias Verlobter, glatt über den Haufen gefahren. Wie ich später erfuhr, wollte er besonders schwungvoll, mit quietschenden Bremsen und aufheulendem Motor, vorfahren, damit die ganze Nachbarschaft auf ihn aufmerksam wurde und Mia stolz darauf sein konnte, demnächst einen Mann zu heiraten, der einen Porsche fuhr. Aber da war ihm wohl irgendwas durcheinandergeraten.

Alle Tomaten waren hin, die Käsecreme hatten wir vergeblich zubereitet. Allora, das war jedoch nicht das Schlimmste. Mia sprang aus dem Wagen, mit einer blutigen Schramme am Kopf, und schrie ihren Verlobten an, sie habe endgültig die Nase voll von ihm und seiner Angeberei. Mit diesen Worten zog sie ihren Verlobungsring vom Finger und warf ihn Pepe vor die Füße. Der war so benommen, dass er erst auf dem Weg ins Krankenhaus begriff, dass Mia die Verlobung gelöst hatte. Später, als der Porsche vom Abschleppdienst aus meinem Tomatenbeet herausgeholt worden war und ich nachsah, ob noch ein paar Tomaten zu retten waren, fand ich den Ring unter einer Tomatenstaude. Aber Mia wollte ihn nicht zurückhaben. So habe ich ihn dann Sandra geschenkt. Sie hat sich gefreut und trägt ihn gern. Dass es mal Mias Verlobungsring war, weiß sie zum Glück nicht.

Pomodori e Formaggio Feta
Tomaten mit Schafskäsefüllung

Zutaten:
Schafskäse,
kleine Tomaten,
Sahne,
Knoblauch,
Thymian,
Olivenöl,
Pfeffer – genaue Angaben kann ich nicht machen. Viele Gäste, viele Tomaten, wenige Gäste, wenige Tomaten.
So einfach ist das.

Zubereitung:
Der Schafskäse muss mit einer Gabel zerdrückt werden. Dann rühre ich so viel Sahne darunter, bis eine feste Creme entstanden ist. Knoblauch schälen, pressen und unterrühren und mit Pfeffer würzen. Dann muss man den Tomaten den Deckel abschneiden, das Fruchtfleisch mit einem Teelöffel herauslösen und die Käsecreme hineinfüllen. Hübsch sieht das aus! Besonders, wenn die gefüllten Tomaten noch mit Thymian bestreut und mit Olivenöl beträufelt werden.

Lügen haben kurze Schwimmflossen

Ugo ist ein ehrlicher Mann, das wissen bei uns im Dorf alle. Und seine Frau Adalberta kann sehr gut kochen, das wissen auch alle. Vor allem ihre mit Bärlauch gefüllte Forelle ist berühmt. Aber warum die Forellen kaufen, wenn man einen Mann hat, der eine Anglerausrüstung besitzt? Dass Ugo noch nie einen Fisch gefangen hat, kann Adalberta nicht wissen. Nein, Ugo hat ihr nicht etwa Anglerlatein vorgesetzt, dazu ist er ja viel zu ehrlich, aber er hat eben auch nicht ausdrücklich erwähnt, dass er niemals Anglerglück gehabt hat und eigentlich auch nicht haben will, weil er es nicht fertigbringt, einen glitschigen, zappelnden Fisch vom Haken zu lösen und umzubringen. Nein, Lügen kommen für Ugo nicht infrage, aber Adalberta verraten, dass er ein Feigling ist? Das will er auch nicht. So geriet er damals in arge Gewissensnöte, als Adalberta ihn bat, für die mit Bärlauch gefüllten Forellen zum Ufer des Trasimenosees zu fahren. »Denk an das Geld, das wir sparen können!«

Nein, daran dachte Ugo nicht. Er dachte nur daran, dass er ein Tier töten musste, was er nicht über sich bringen konnte. Aber dann kam er auf eine Idee. Er fuhr nach Città di Castello, wo es einen Fischhändler gibt, der Ugo und seine Ehrlichkeit kennt. »Meine Frau will am Sonntag Forellen auf den Tisch bringen.«

Der Fischhändler hielt ihm mehrere Exemplare hin, und Ugo entschied sich für die zwei dicksten Forellen. Dann aber bat er den entgeisterten Fischhändler: »Können Sie mir die beiden bitte zuwerfen? Dann kann ich Adalberta sagen, ich hätte sie selbst gefangen!«

Trota
Forelle mit Bärlauch gefüllt

Zutaten für 4 Portionen:
4 Forellen,
150 g Bärlauch,
5 EL Olivenöl,
Salz und Pfeffer

Zubereitung:
Den Backofen auf 200 °C vorheizen. Die Forellen waschen, aufschneiden und trocken tupfen. Eine eckige Auflaufform mit etwas Olivenöl einfetten. Adalberta legt dann den Boden der Form mit einem Drittel des Bärlauchs aus, drapiert die Forelle darauf und pinselt die Oberseite mit Olivenöl ein. Pfeffern und salzen – das macht sie natürlich nach Gefühl wie die meisten Hausfrauen. Die Forellen füllt sie dann mit dem Rest Bärlauch, das ist schon alles. Ein Rezept, das gar nicht schiefgehen kann! Trotzdem muss ich immer wieder feststellen – und es ärgert mich sehr –, dass Adalbertas Forellen besser schmecken als meine. Manchmal habe ich den Verdacht, dass sie mir etwas verheimlicht und es noch einen Kniff gibt, den ich nicht kenne. Vielleicht ein zusätzliches Gewürz, das sie mir nicht verraten hat. Wenn das so ist, tut es mir leid. Aber ich hätte da vielleicht eine Idee. Haben Sie einen attraktiven Mann? Dann schicken Sie ihn zu Adalberta. Sie hat eine Schwäche für schöne Männer und würde für einen Kuss vielleicht bereit sein, ihr Geheimnis zu verraten. Aber nun bin ich ins Plaudern geraten … Beinahe hätte ich vergessen, Ihnen zu sagen, dass der Fisch mit Alufolie abgedeckt werden und eine Stunde im Backofen bleiben muss, bis er fertig ist.

In der Not frisst der Teufel Fliegen

Mein Bruder Michele lebt ebenfalls in Panidomino, und vor zwei, drei Jahren hatte er große Sorgen. Seine Pizzeria hatte Konkurrenz bekommen. Jacopo und seine Frau Alessia aus Città di Castello machten in seiner Nähe ein Ristorante auf. Und zunächst sah es so aus, als gingen die Leute lieber zu Jacopo als zu Michele. Vor allem Jacopos Pizza Diavolo sollte viel besser sein als die, die Michele in der Pizzeria Venezia anbot. Meine Schwägerin Rosamunda kam beinahe täglich zu mir, um mir ihr Leid zu klagen. Sie weinte dann, fürchtete sich vor einer Pleite und davor, in der Gosse zu enden, wenn sie die Pizzeria und ihr Haus verkaufen mussten und obdachlos geworden waren.

Doch zum Glück kam es nicht so weit. Denn Jacopo entschied sich für den falschen Kellner. Er hieß Quentino und hatte das geringste Gehalt verlangt, deswegen hatte Jacopo ihn eingestellt. Ein schwerer Fehler! Aber als er das einsah, war es zu spät. Der letzte Abend, an dem Jacopo und Alessia eine volle Kasse hatten und ihre Pizza Diavolo dutzendfach servieren durften, verlief so: Ubina, die Besitzerin der Wäscherei, hatte die Pizza Diavolo bestellt und eigentlich die Absicht gehabt, nach ihrem Verzehr Jacopo zu überreden, seine Tischwäsche bei ihr waschen und mangeln zu lassen. Aber dann kam Quentino an ihren Tisch, den Pizzateller in der Hand, darauf die Pizza Diavolo, die gefährlich hin und her rutschte. Doch Quentino hatte einen Weg gefunden, damit sie nicht vom Teller fiel …

Ubina fuhr ihn empört an: »He, nehmen Sie gefälligst den Daumen von der Pizza!«

Quentino stellte ihr den Teller hin und gab sich unbeeindruckt. »Wäre es Ihnen etwa lieber, wenn mir die Pizza noch einmal runterfällt?«

Es dauerte nur noch zwei Monate, dann war Jacopo am Ende. Wer einen solchen Kellner einstellt, kann kein guter Wirt sein, zu dieser Meinung kamen alle. Und mein Bruder konnte aufatmen. Wer in Panidomino Pizza essen will, geht wieder in die Pizzeria Venezia. Und keiner redet mehr davon, dass die Pizza Diavolo bei Jacopo besonders lecker gewesen ist.

Pizza Diavolo
Teuflische Pizza

Zutaten für den Teig:
300 g Mehl,
1 P. Hefe (Trockenhefe),
1 TL Zucker,
150 ml warmes Wasser,
1 TL Salz,
1 EL Olivenöl

Zutaten für die Soße:
2 Knoblauchzehen (nach Belieben auch mehr),
2 TL Olivenöl,
1 EL Tomatenmark,
1 Dose stückige Tomaten,
Salz,
Pfeffer,
Basilikum,
Rosmarin,
Thymian, Cayennepfeffer und Chiliflocken

Zutaten für den Belag:
3 Paprikaschoten (rot, grün und gelb),
1 EL Öl,
Salz und Pfeffer,
6 eingelegte Peperoni,
2 Zwiebeln,
100 g italienische Salami, in feine Scheiben geschnitten,
250 g Mozzarella

Zubereitung nach der Art, wie sie in der Pizzeria Venezia von Panidomino auf der Speisekarte steht, und die ist wirklich nicht schlecht:
Michele siebt das Mehl in die Backschüssel und mischt es mit Hefe und Zucker. Dann gibt er Wasser, Salz und Öl dazu und verknetet alles zu einem glatten Teig. An einem warmen Ort lässt er ihn abgedeckt eine knappe Stunde gehen. Anschließend wird er auf dem leicht gefetteten Blech ausgebreitet. Während der Zubereitung des Belags lässt er den Teig dann nochmals eine Weile gehen.

Für die Soße ist meine Schwägerin zuständig. Michele behauptet, sie könne das besser als er, aber – ganz im Vertrauen – Rosamundas Kochkünste sind nicht weiter bemerkenswert. Möglicherweise ist es sogar ihr zu verdanken, dass Jacopos Pizza Diavolo damals mehr Zuspruch fand. Aber ich will nichts gesagt haben. Dass bloß Rosamunda nicht erfährt, was ich Ihnen gerade anvertraut habe! Aber zum Glück beherrscht sie ja die deutsche Sprache nicht.

Ecco … Rosamunda zieht die Knoblauchzehen ab und hackt sie fein, bevor sie im heißen Öl angedünstet werden. Das Tomatenmark kommt dazu und wird angeschwitzt, das Ganze löscht sie dann mit den Tomaten ab. Die Soße lässt sie bei geringer Hitze 8 bis 10 Minuten köcheln, putzt währenddessen die Paprikaschoten und schneidet sie in Streifen. Dann werden sie in Öl etwa 5 Minuten gedünstet.

Und nun kommt der Punkt, an dem Rosamunda es besser machen könnte. Ihre Soße ist nicht pikant genug, finde ich. Zwar wird sie mit Salz, Pfeffer und Kräutern abgeschmeckt, doch meine ich, dass sie von allem mehr nehmen sollte. Ich war oft dabei, wenn sie die Soße zubereitete, konnte sie aber nie überreden, sie kräftiger zu würzen. Nein, sie findet, eine Pizza Diavolo heißt nur so, sollte aber nicht höllisch scharf oder teuflisch lecker sein. Nun gut, dazu will ich nichts sagen, das ist selbstverständlich ganz allein Rosamundas Sache. Naturalmente!

Wenn ich gerade in der Pizzeria Venezia bin, ziehe ich die Zwiebeln für Rosamunda ab, weil sie immer schrecklich weinen muss, wenn sie Zwiebeln schält. Ich halbiere sie auch und schneide sie in Ringe. Sie werden dann mit den angedünsteten Paprikastreifen auf der Soße verteilt. Und manchmal nutze ich dann die Chance, die Soße ein wenig nachzuwürzen. Das darf Rosamunda natürlich nicht bemerken. Anschließend wird die Salami zerkleinert und über die Pizza gestreut. Dann fehlt nur noch der Mozzarella, er wird in Scheiben geschnitten und auf der Pizza verteilt.

Michele hat natürlich seinen Pizzaofen, aber zu Hause backen Sie die Pizza ja im Herd. Dazu stellen Sie 250 °C ein. Auf der 2. Schiene von unten wird die Pizza in etwa 15–20 Minuten knusprig gebacken.

Eine Liebe, stärker als jede Nudel

Gaia kann ein Maccheroni-Gratin zubereiten, das einfach wunderbar schmeckt. Nur … sie kann nichts anderes als Maccheroni-Gratin. Wer immer zu Besuch kam – Gaia wurde von ihrer Mutter angewiesen, Maccheroni-Gratin zuzubereiten. Wer häufig einen Besuch machte, dem kam das Maccheroni-Gratin über kurz oder lang zu den Ohren raus. Deshalb gab es auch in ganz Panidomino keinen jungen Mann, der Gaia einen Heiratsantrag machen wollte. Ein Leben lang Maccheroni-Gratin? Nein, das wollte niemand. Pietro, der als Tourist in unser Dorf kam, ahnte nichts davon. Er ließ sich von Gaias Mutter einladen und war entzückt, als ihm Gaias Kochkünste vorgeführt wurden. Naturalmente! Er hatte ja keine Ahnung. Und da er bald nach Rom zurückkehren musste, blieb er als Einziger von der Erkenntnis verschont, dass eine Ehe mit Gaia kulinarische Eintönigkeit bedeuten würde. Deswegen machte er ihr einen Heiratsantrag. Am Traualtar sah man zwar schon eine kleine Sorgenfalte in seinem Gesicht, aber da schaffte er es noch, sich einzureden, dass der häufige Genuss von Maccheroni-Gratin auf Gaias akute Verliebtheit zurückzuführen sei. Einer Braut, die nur ihre Hochzeit im Kopf hat, kann es schon mal passieren, dass sie ihrem Zukünftigen dreizehnmal das gleiche Gericht vorsetzt. Dachte er …

Richtig stutzig wurde er erst, als der Pfarrer die Trauformel sprach: »Willst du, Pietro, deiner geliebten Gaia hier vor allen Anwesenden die Ehe versprechen?«

»Ja, das will ich«, versprach Pietro tapfer.

»Und willst du sie lieben und achten, willst du in Freud und Leid, Gesundheit und Gratin … äh, Krankheit zu ihr stehen?«

Pietro druckste sein Ja heraus und sah mit einem Mal gar nicht mehr glücklich aus.

Allora … die Ehe wurde zwar trotzdem gut, aber nur, weil Gaia und Pietro nach Panidomino gezogen sind und sämtliche Mahlzeiten bei Gaias Mutter einnehmen. Nur noch einmal im Jahr, an Heiligabend, wird Gaia gebeten, ihr Maccheroni-Gratin zu machen …

Maccheroni al Gratin
Maccheroni-Gratin

Zutaten für 4 Personen:
2 Zwiebeln,
200 g Speckwürfel,
Salz,
Pfeffer,
200 ml süße Sahne,
300 g Maccheroni,
100 g Ricotta,
Butter für die Form,
100 g geriebener Parmesan

Zubereitung:
Gaia hat das Gratin immer mit viel Liebe gemacht. Sie hackte die Zwiebeln mit Liebe, dünstete den Speck mit den Zwiebeln 10 Minuten lang mit Liebe an und schmeckte alles mit Pfeffer und wiederum mit viel Liebe ab. Auch die Sahne wurde mit liebender Hand dazugegossen und alles sanft und zärtlich verrührt. Gaia reduzierte dann die Hitze und kochte

alles ungefähr drei Minuten lang, ehe sie es beiseitestellte. Den Backofen heizte sie auf 210 °C vor und kochte, bis er die richtige Temperatur hatte, die Maccheroni im Salzwasser. Den Ricotta zerdrückte sie mit der Gabel sehr vorsichtig, als könnte er ihr diese Behandlung verübeln, und vermengte ihn dann mit den Nudeln, nachdem sie die Maccheroni abgegossen hatte. Dann kam der Inhalt der Pfanne dazu und wurde ebenfalls untergemischt. Gaia füllte alles in eine gefettete Auflaufform und bestreute es mit Parmesan. 25 Minuten wurde das Gratin im Ofen gebacken, während Gaia davor saß und es durch das Fenster des Backofens mit verliebten Augen betrachtete.

Was Gaia nie getan hat, was ich aber mal ausprobiert habe: der Sahne einen Esslöffel Pesto zufügen, Pesto Genovese oder jedes andere Pesto. Buono!

Toleranz für Veganer

Kennen Sie die neue Freundin meines Schwiegersohns Erik? Dio mio, ob sie die Richtige für ihn ist? Ein paar Monate war er ja mit Wiebke Reimers zusammen. Die konnte zwar nicht kochen, aber wenigstens essen! Was man ihr auch hinstellte, sie aß es gern. Mit Svea Gysbrecht ist das ganz anders. Sie ist Veganerin. Madonna! Bisher hatte ich nur von Vegetariern gehört. Schlimm genug, wenn man jemanden am Tisch sitzen hat, der ein knuspriges Hähnchenschnitzel liegen lässt und beim Saltimbocca nur das Salbeiblatt isst.

Aber Enrico sagt, ich muss tolerant sein. Sì, sì, ich will es versuchen. Und tatsächlich ist die Polenta, die ich bei Signora Gysbrecht gegessen habe, auch gar nicht so schlecht. Dass veganes Essen auch lecker sein kann, hatte ich, wenn ich ehrlich bin, nicht erwartet.

Polenta con Riso e Fagioli
Polenta mit Reis und Bohnen

Zutaten für 6 Personen:
2 Tassen Wasser,
3/4 Tasse Polenta-Maisgrieß,
1/4 TL Meersalz,
1 klein gehackte Zwiebel,

3 gepresste Knoblauchzehen,
1 Dose stückige Tomaten (ca. 400 g),
1 Tasse Gemüsebrühe,
1 EL Chilipulver,
1 Tasse Reis,
450 g schwarze Bohnen,
1 Tasse Salsa (zum Beispiel meine Zucchinisalsa),
2 Avocados,
1/2 TL Zitronensaft,
1/4 TL Knoblauchpulver,
Meersalz nach Geschmack

Zubereitung der Polenta:
2 Tassen Wasser, Maisgrieß und Salz aufkochen und 10–20 Minuten köcheln lassen, bis sich der Grieß vom Topfrand löst. Danach in eine Auflaufform geben. Zwiebeln, Knoblauch, Tomaten, Gemüsebrühe, Chilipulver und Reis in einer Pfanne garen, bis die gesamte Flüssigkeit aufgesogen und der Reis weich ist. Das dauert ungefähr eine Dreiviertelstunde. Die Bohnen unter den Reis rühren, dann das Reis-Bohnen-Gemisch auf die Polenta geben. Salsa über die Reismischung träufeln. Im Backofen bei 180 °C eine halbe Stunde backen. Währenddessen die Avocados zerdrücken und mit Zitronensaft und Knoblauchpulver verrühren, mit Meersalz abschmecken. Die zerdrückten Avocados auf der Polenta anrichten.

Eine Salsa ist eine Soße, die man für vieles gebrauchen kann. Welche Sie über die Polenta geben, ist Geschmackssache. Als ich bei Enricos neuer Freundin zu Gast war, hatte ich angeboten, eine Zucchinisalsa mitzubringen. Die mache ich zu Hause auch oft, vor allem dann, wenn ich im Garten viele Zucchini geerntet habe und nicht weiß, wohin damit.

Am besten, man macht gleich mehr davon, bewahrt sie in Schraubgläsern auf und nutzt sie auch für andere Gerichte.

Salsa di Zucchine
Zucchinisalsa

Zutaten:
1,5 l Ketchup,
1,5 kg Zucchini,
500 g Paprikaschoten,
500 g Zwiebeln,
2 TL Tabasco,
2 TL Worcestersoße,
1 Knoblauchzehe,
400 ml Olivenöl

Zubereitung:
Zucchini und Paprikaschoten klein schneiden und zusammen mit den Gewürzen in einen großen Topf geben und eine Stunde kochen lassen. Danach sofort, noch heiß, in die Gläser füllen.

Die Soße kann man ein Jahr aufheben. Sie schmeckt kalt zu Fleisch oder Brot und warm zu Nudeln und Reis, sehr lecker auch zu Hackfleisch.

Vor Kurzem habe ich Hackfleischbällchen in eine Auflaufform gegeben und mit dieser Salsa übergossen. Dann habe ich Mozzarellastücke darauf verteilt und alles im Backofen überbacken. Buono!

Leber mag nicht jeder

Es tut mir immer noch leid, dass die Ehe der Cappellanis in die Brüche ging. Eigentlich waren Odilo und Giulia ein schönes Paar. Dass Giulia nicht gut kochen konnte, schien kein Problem zu sein. Wie ich aber später von meiner Cousine Anna hörte, die in der Nähe der Cappellanis wohnte, gab es oft Streit, wenn Giulia ihr Lieblingsgericht auf den Tisch brachte, das Odilo nicht ausstehen konnte. Und wie Anna erzählte, kochte sie es jede Woche: Fegato alla veneziana. Und das nicht einmal gut, auch das hat meine Cousine mir glaubhaft versichert. Ist sie da etwa nicht selbst schuld an dem Streit, der zur Scheidung führte? Allora … Odilo hätte so etwas Schreckliches vielleicht nicht sagen und tun dürfen, aber dass Giulia ihm immer wieder vorsetzte, was er nicht mochte, war genauso falsch …

Anna war dabei, als es geschah. Eigentlich wollte sie nur um eine Tasse Mehl bitten, kam aber zu einem ungünstigen Zeitpunkt: Die Cappellanis saßen beim Essen. Ob Odilo sich stärker fühlte durch die Anwesenheit einer Frau, die als gute Köchin galt? Jedenfalls nahm er seinen Teller mit dem Fegato alla veneziana und schob ihn dem Hund hin, der neben seinem Stuhl döste.

Giulia war empört. »Du willst doch nicht etwa dem Hund dein Essen geben?«, fauchte sie.

»Nein«, brummte Odilo, »ich will nur mit ihm tauschen.«

Was soll ich sagen? Giulia zog noch am selben Tag aus, und sämtliche Versuche Odilos, sich mit ihr zu versöhnen, schlugen fehl. Aber ganz ehrlich … verstehen kann ich beide, und schuld am Scheitern der Ehe sind meiner Meinung nach auch beide. Oder was meinen Sie?

Fegato alla veneziana
Venezianische Leber

Zutaten für 4 Portionen:
500 g Kalbsleber,
2 große Zwiebeln,
3 EL Olivenöl,
50 g kalte Butter,
150 ml Weißwein

Zubereitung:
Zwiebeln in dünne Ringe und die Leber in Streifen schneiden. Öl und 30 g Butter in einer Pfanne erhitzen, Zwiebeln darin anschwitzen. Die gesalzene und gepfefferte Leber zugeben und anbraten. Dann mit Wein ablöschen und bis knapp unter dem Siedepunkt erhitzen. Übrige Butter einrühren und die Soße damit binden. Aber nicht mehr kochen! Die Leber eventuell nachwürzen und beispielsweise mit Polenta servieren.

Die lebensrettende Suppe

Habe ich Ihnen schon von meinem Neffen Niccolò erzählt? Diejenigen, die von der Geschichte gehört haben, wie ich auf Sylt einen rätselhaften Todesfall gelöst habe, der sich während eines Kurkonzerts ereignete, kennen ihn. Den anderen brauche ich nur zu verraten, dass er von klein auf Artist werden und unbedingt zum Zirkus gehen wollte. Natürlich war niemand damit einverstanden, die ganze Familie und alle Verwandten versuchten jahrelang, ihm diese dumme Idee auszureden, doch dann … aber ich will von vorne beginnen.

In Panidomino wird einmal im Jahr ein großes Essen für Bedürftige organisiert. Die Haushälterin unseres Pfarrers kochte jahrelang ihre berühmte Zuppa veloce in einem riesigen Topf, und alle Obdachlosen kamen am Tag vor dem ersten Advent nach Panidomino und konnten sich mal so richtig den Magen vollschlagen. Dazu die Familien mit arbeitslosen Eltern, von ihren Männern verlassene Mütter mit ihren hungrigen Kindern und alte Leute, die von einer Rente leben müssen, die vorne und hinten nicht reicht. Der große Bottich, in dem die Haushälterin die Zuppa veloce kochte, stand dann immer im Pfarrgarten, der Küster hatte ein Feuer unter dem Topf entzündet und die Haushälterin drei Freundinnen herbeigeholt, damit genug Leute zum Rühren zur Verfügung standen.

Was niemand wusste: Niccolò hatte ein neues Kunststück zur Reife gebracht, mit dem er irgendwann unter einer Zirkuskuppel glänzen wollte. Er hatte ein Seil von der Dachtraufe des Pfarrhauses zum Fenster des Glockenturms gespannt, das jeder für eine Wäscheleine gehalten hatte. An diesem Tag wollte er allen zeigen, dass er den Platz zwischen Kirche und Pfarrhaus auf einem Seil überqueren konnte. Dio mio, was für ein Glück, dass Niccolò sich zu einer Generalprobe entschloss und die Zuppa veloce noch nicht kochte. Tatsächlich war sie erst lauwarm, als Niccolò durch den Aufschrei der Haushälterin, die von Niccolòs Schatten erschreckt worden war, aus dem Konzept gebracht wurde und in die Zuppa veloce fiel. Auch so war schon alles schlimm genug. Niccolò schlug sich das Knie auf dem Rand des Topfes auf, die Haushälterin musste künstlich beatmet werden, und eine ihrer Freundinnen galt seitdem als geistig verwirrt. Was für ein Scandalo!

Die Sache hatte allerdings auch etwas Gutes: Niccolò schlug sich die Artistenkarriere aus dem Kopf, lief nur noch zum Vergnügen und ohne berufliche Absichten auf den Händen durch den Ort und balancierte die Teller und Blumenvasen seiner Mutter von da an nur noch gelegentlich auf einem Besenstiel. Schade war nur, dass die Haushälterin sich fortan weigerte, die Zuppa veloce für die Bedürftigen zu kochen, die sich von da an mit Brot, Salami und Oliven zufriedengeben mussten.

Wenn jetzt das Wohltätigkeitsfest naht, wird Niccolò aber immer noch von Wehmut ergriffen. Er packt dann seinen Koffer und verbringt ein Wochenende am Trasimenosee, wo niemand weiß, dass er gern Seiltänzer geworden wäre.

Zuppa veloce
Schnelle Suppe

Zutaten für 4 Portionen:
80 g Graupen,
80 g Linsen,

80 g getrocknete Bohnen,
80 g getrocknete Erbsen,
1 Zwiebel,
3 Tomaten,
6 Stangen Sellerie,
2 Möhren,
Olivenöl,
Salz,
Pfeffer,
Gemüsebrühe,
Suppenkräuter,
250 g Rinderhack

Zubereitung:
Zum Glück habe ich der Haushälterin früher oft geholfen, wenn die Zuppa veloce gekocht wurde, so kann ich sie nachkochen, ohne das Rezept zu benötigen, das sie damals wutentbrannt im Kohleofen verfeuert hat.

Ich weiß, dass ich die Graupen mit den Linsen, Bohnen und Erbsen in reichlich Salzwasser 20 Minuten kochen muss. Inzwischen werden Zwiebeln, Sellerie und Karotten gewürfelt und in Öl angebraten. Das Hackfleisch gebe ich dazu, schmecke alles mit Salz und Pfeffer ab und lasse es eine Viertelstunde schmoren. Dann werden die Tomaten gewaschen, gewürfelt und untergemischt, danach muss alles weitere 10 Minuten köcheln. Die Suppenkräuter (z.B. Petersilie, Liebstöckel, Bohnenkraut, Estragon, Schnittlauch oder Thymian) hacken. Nehmen Sie einfach das, was Sie im Garten haben. Das Angebratene unter die Suppenmischung geben und, falls nötig, mit Gemüsebrühe abrunden. Zum Schluss die gehackten Suppenkräuter dazugeben. Eine leckere Suppe, die man gleich für zwei Tage kochen kann, denn aufgewärmt schmeckt sie beinahe noch besser als frisch.

Manchmal gebe ich auch ein paar kleine Würste dazu, weil Guido, mein Ältester, sie gerne mag, aber das muss nicht sein. Meine Enkelkinder in Panidomino mögen die Suppe auch lieber ohne Kräuter. D'accordo, dann lasse ich sie eben weg, die Suppe schmeckt trotzdem.

Den Positiven gehört die Welt

Wer immer negativ denkt, wird auch nur Negatives erleben, davon bin ich fest überzeugt. Wie oft sage ich zu Signora Penzo, sie solle einfach mal versuchen, positiv zu denken. Ma no! Sie leidet ständig unter der Angst vor irgendwelchen Unglücksfällen und sieht die Zukunft immer schwarz. Sie hat Angst vor Einbrechern, vor Autos, vor Hunden, vor Krankheit und Tod sowieso. Und was passiert? Während sie Einkäufe erledigt, wird ihr Haus von Dieben ausgeräumt, später wird ihr Mann von einem Auto angefahren und ist seitdem arbeitsunfähig, und ihre Tochter wird von einem Hund gebissen und überdies von ihrem Verlobten verlassen. Zu ihrem Geburtstag wollte sie unbedingt mal eine Torte nach einem exotischen Rezept machen. Das fand sie sehr schick. Aber sie hatte so lange davon geredet, dass sie ihr wohl misslingen würde, dass tatsächlich alles schiefging. Dabei ist die Piña-Colada-Torte gar nicht kompliziert, jedenfalls nicht für eine geübte Bäckerin. Doch Signora Penzo hat ja selten Gelegenheit zu backen. Sie lädt nie Besuch ein, weil sie immer Angst davor hat, dass ihr ein Kuchen verbrennt, dass er zu fett oder zu süß ist. Aber wer immer an das Böse denkt wird eben auch nur Böses erleben.

Piña-Colada-Torte

Einmal habe ich Signora Penzo geholfen, als Verwandte zu Besuch kamen und sie tatsächlich überlegte, ob sie Kuchen vom Bäcker holen sollte. Wo gibt's denn so was? Wenn Gäste kommen, backt man den Kuchen selber, etwas anderes kommt doch gar nicht infrage. Und als Signora Penzo noch zauderte, habe ich gesagt: »Am Ende werden Sie auf dem Weg zum Bäcker noch von einem Auto angefahren.« Das hat sie mir sofort geglaubt und war damit einverstanden, mit mir zusammen die Torte zu backen.

Zutaten:

2 Dosen Ananas (à 490 g Abtropfgewicht),
4 Eier,
50 g Zucker,
200 ml Öl,
300 g Mehl,
3 EL Kakaopulver,
1 P. Backpulver,
Fett und Semmelbrösel für die Form,
1/4 l und zusätzlich noch 2 EL Piña Colada (Fertigprodukt),
2 P. klarer Tortenguss,
600 g Sahne,
1 P. Vanillezucker,
3 P. Sahnesteif,
3 EL gehackte Pistazien

Zubereitung:

Ananas abtropfen lassen und den Saft auffangen. Den Ofen auf 200 °C vorheizen, die Form einfetten und sie mit Bröseln bestreuen. So weit fühlte Signora Penzo sich noch ganz sicher. Aber dann bekam sie es schon mit der Angst zu tun. Eier und Zucker verschlagen? So lange, bis es eine dicke Creme gibt? »D'accordo«, habe ich gesagt, »ich mache das.« Ich war es auch, die Öl und 200 ml Ananassaft zugegeben und Mehl, Kakao- und Backpulver untergemischt hat. Den Teig in die Form füllen, das hat Signora Penzo dann selbst hingekriegt. Und er hat etwa 45 Minuten im Ofen gestanden, ohne dass eine Katastrophe geschah.

Als ich ihr sagte, dass nun der Boden zweimal quer geteilt werden müsse, bekam sie es gleich wieder mit der Angst zu tun. Was, wenn der Boden zerbrechen würde? Wenn der Tortenguss klumpte? Wenn die Füllung zerlaufen würde? Also habe ich die Signora zur Seite geschoben und dafür gesorgt, dass sie einen Prosecco vor sich stehen hatte, obwohl sie sich gleich wieder Sorgen um ihre Leber machte. Also habe ich ihren Prosecco gleich mitgetrunken, einen Boden zweimal quer teilen, das kann ich auch nach zwei Gläsern Prosecco noch ganz leicht.

Dann wird ein Tortenring um den unteren Boden gestellt, das kann jedes Kind. Signora Penzo fühlte sich dann sogar in der Lage, die Ananas zu würfeln. Währenddessen habe ich aus je 1/4 l Ananassaft, Piña Colada und Tortenguss die Füllung hergestellt. Dann haben wir gemeinsam zwei Drittel der Ananas untergehoben und das Ganze auf den Boden gegeben. Den mittleren Boden hat Signora Penzo mit zitternden Händen aufgelegt. Nach einem dritten Glas Prosecco lässt sich die Sahne mit Vanillezucker und Sahnesteif schlagen, das geht molto facile, ganz leicht. Dann habe ich die übrige Ananas unter die Hälfte der Sahne gemischt und auf dem Boden verteilt, den oberen Boden aufgelegt und zwei Esslöffel Piña Colada unter die übrige Sahne gerührt. Das Ganze auf die Torte gestrichen und mit Pistazien bestreut.

Es war in Ordnung, dass Signora Penzo ihren Gästen erzählt hat, sie hätte die Torte selbst gebacken. Ein bisschen geholfen hat sie ja tatsächlich.

Das Internet macht's möglich

Habe ich Ihnen schon erzählt, dass seit einiger Zeit noch eine Deutsche in Panidomino wohnt? Eine nette junge Frau, die in wenigen Wochen den Besitzer einer Trattoria heiraten wird. Sie glauben es nicht, wie die beiden sich kennengelernt haben! Übers Internet! So was gab's zu meiner Zeit noch nicht. Nicht, dass die beiden sich gesucht haben! No, no, die Bekanntschaft hat sich ganz zufällig ergeben. Adelmo war auf der Suche nach einem Rezept, das er für seine Gäste kochen wollte. Er hatte einmal in einem Südtiroler Restaurant eine Weinsuppe gegessen, kannte aber die Zubereitung nicht. Da hat er sich in ein Forum eingeloggt – so hat er mir das erklärt, ich verstehe ja nichts davon –, in dem es um Rezepte ging, und hat gefragt, ob jemand weiß, wie die typische Südtiroler Weinsuppe zubereitet wird. Und ausgerechnet die Katharina aus Stuttgart kannte das Rezept. Sie hat es Adelmo geschickt, er hat die Suppe getestet, und sie hat ihm noch besser geschmeckt als die in Südtirol. Daraufhin hat er Katharina angeboten, die Weinsuppe für sie zu kochen, wenn sie mal in Panidomino Urlaub macht. Und sie? Sie hatte sich wohl schon übers Internet in Adelmo verliebt. Wie so was geht, weiß ich nicht. Aber kaum tauchte sie in unserem Dorf auf, war es nicht nur um sie, sondern auch um Adelmo geschehen. Drei Tage blieb seine Trattoria geschlossen, da wussten wir natürlich schon Bescheid. Als Katharina wieder nach Deutschland fuhr, war sie verlobt, und zur Hochzeit wird natürlich Zuppa di vino gekocht. Ich bin übrigens auch eingeladen. Meraviglioso! Ich werde die Einzige sein, die mit Katharina und ihrer Familie plaudern kann. Das wird ein Fest!

Zuppa di Vino
Südtiroler Weinsuppe

Zutaten für 4 Personen:
Toastbrotscheiben,
40 g Butter,
1/2 TL Zimt,
1/4 l Brühe,
1/8 l Weißwein (Gewürztraminer oder Weißburgunder nehmen die Südtiroler, ich meine, es geht auch ein Pinot grigio),
100 ml Sahne,
3 Eigelb,
1 Prise Muskatnuss,
1 Messerspitze Zimtpulver,
Salz

Zubereitung Brotwürfel:
Das Toastbrot entrinden und würfeln. Die Butter in einer Pfanne zergehen lassen, die Brotwürfel dazugeben und goldbraun rösten. Mit Zimt bestreuen, sofort aus der Pfanne nehmen, auf Küchenkrepp abtropfen lassen und bereitstellen.

Zubereitung Weinsuppe:
Die Brühe und den Weißwein in einen Topf geben, die Sahne mit dem Eigelb verrühren und ebenfalls dazugeben. Anschließend alles erhitzen und mit einem Schneebesen schaumig schlagen, ohne dass das Eigelb gerinnt (die Suppe darf niemals kochen!). Sobald die Suppe zu einer cremig-schaumigen

Konsistenz aufgeschlagen ist, mit Muskatnuss, Zimt und Salz abschmecken. In tiefe Teller füllen, den Schaum gleichmäßig aufteilen, mit den Brotwürfeln bestreuen und sofort servieren.

Eine Liebessuppe! Was bei Adelmo und Katharina geklappt hat, könnte auch bei Ihnen funktionieren. Vorausgesetzt natürlich, Sie sind nicht verheiratet und haben die Absicht, sich fest zu binden und eine Familie zu gründen.

Die Spionin in Nandos Pizzeria

Nando ist ein Pizzabäcker, dem dauernd was Neues einfällt, neue Zutaten für seine Pizzen, neue Nudelsoßen, neue Gewürze. Aber letzten Endes ist es seine Pizza quattro formaggio, die er am besten verkauft, obwohl er sie schon seit Jahren im Angebot hat. Aber sein Rezept verrät er nicht. Angeblich, weil es keins gibt.

Einmal hat sich sogar eine Hausfrau aus Rom bei ihm eingeschlichen. Deren Schwester machte in Città di Castello Urlaub, unternahm mit ihrem Mann eine Wanderung nach Panidomino und aß bei Nando die berühmte Pizza quattro formaggio. Sie wollten unbedingt sein Rezept, aber Nando zuckte nur die Schultern und meinte, das mache er nach Gefühl. Die Frau glaubte ihm nicht und schickte ihre Schwester in Nandos Pizzeria, der immer auf der Suche nach Personal ist. Sie war sehr deprimiert, als sie ihrer Schwester das Rezept verraten sollte. Tatsächlich hatte sie keins gefunden und Nando auch nicht dabei beobachtet, wie er die Zutaten abwog, denn er machte wirklich alles nach Gefühl. Mit Fingerspitzengefühl, betonte er. Deshalb ist dieses Rezept auch nur eine ungefähre Angabe. Kann sein, dass bei Ihnen die Pizza quattro formaggio ein wenig anders schmeckt als bei Nando.

Allora … Es hat keinen Sinn, den Teig für nur eine einzige Pizza zu machen. Besser, man nimmt gleich die dreifache Menge an Zutaten und friert zwei Teigportionen ein.

Pizza quattro formaggio
Pizza mit vier Sorten Käse

Nando nimmt keinen Hefeteig, sondern einen Quark-Öl-Teig, der viel schneller geht als ein Hefeteig.

Zutaten für eine Portion Pizzateig (3-fache Menge, für drei Pizzen):
300 g Mehl,
150 g Quark,
6 EL Olivenöl,
1 EL Salz (ich glaube, Nando nimmt weniger, bin aber nicht sicher),
1 Ei,
1 P. Backpulver

Zubereitung:
Alle Zutaten vermischen, dann alles gut verkneten (mindestens 5 Minuten), aus dem Teig drei Portionen machen. Basta! Zwei Portionen einfrieren und die dritte auseinanderdrücken zur Größe einer Pizza.

Zutaten für die Soße (auch hier hat Nando eine schnelle Variante):
1 Dose gehackte oder passierte Tomaten,
2 EL Olivenöl,
Salz,
Pfeffer,
Oregano oder Basilikum

Zutaten für den Belag:
Gouda,
Mozzarella,
Gorgonzola und Parmesan (gesamte Käsemenge ungefähr 100 g pro Pizza)

Zubereitung:
Die Tomaten mit dem Olivenöl vermischen, dann die restlichen Zutaten unterrühren. Gut abschmecken und auf die Pizza verteilen. Aber sparsam damit umgehen, das hat mir Nando verraten, sonst ist die Konsistenz der Pizza nicht mehr optimal. Auf die Soße den frisch geriebenen Gouda geben, den in Stückchen geschnittenen Gorgonzola darüberstreuen, danach den frisch geriebenen Parmesan über die Käsemischung geben und zum Schluss in dünne Scheiben geschnittenen Mozzarella. Direkt nach dem Backen mit ein wenig Oregano oder Basilikum bestreuen. Sofort essen, dann schmeckt die Pizza am besten.

Wenn Sie anderen Käse im Hause haben, können Sie natürlich variieren. Das macht Nando auch manchmal.

In der Ruhe liegt die Kraft

Ich muss Ihnen unbedingt die Geschichte erzählen, die ich immer wieder von unserem Milchmann höre, wenn er viel Vino rosso getrunken hat. An der A1, die nach Rom führt, gibt es eine Raststätte, in der angeblich ein sehr guter Auflauf mit Geflügelleber und Rucola serviert wird. Das kann ich eigentlich gar nicht glauben, aber Marlo behauptet es steif und fest. Immer wenn er dort vorbeikommt, kehrt er ein und isst den Auflauf. Beim vorletzten Mal waren unangenehme Gäste dort, zwei Motorradfahrer in schwarzer Lederkleidung, die sich sehr schlecht benahmen. Sie pöbelten den Kellner an, nannten den Koch eine dumme Sau und beleidigten ebenso einen Gast, der am Nebentisch saß. Dieser blieb jedoch ganz ruhig, sogar dann noch, als die beiden Motorradfahrer ihm seine Suppe über den Anzug gossen. Er wischte sich notdürftig sauber, bezahlte und verließ die Raststätte ohne ein Wort.

Die beiden Motorradfahrer lachten sich tot. »Was war denn das für ein Idiot? Der lässt sich einfach alles gefallen.«

Der Wirt hörte sich ihre Prahlereien eine Weile an, dann sagte er: »Ja, das muss wirklich ein komischer Typ sein. Auto fahren kann er auch nicht.« Er zeigte durchs Fenster. »Der hat gerade beim Zurücksetzen zwei Motorräder platt gemacht.«

Ob das alles stimmt? Ich weiß es nicht. Aber eine schöne Geschichte ist es, oder? Und Marlo behauptet, nach dieser Begebenheit wäre der Koch so gut gelaunt gewesen, dass er allen sein Rezept für den Auflauf verraten hat. Natürlich habe ich es mir sofort abgeschrieben, und als Marlo einmal bei mir zu Besuch war, hat er versichert, der Auflauf schmecke ihm genauso gut wie an der A1.

Fegato di Pollo con Rucola
Geflügelleberauflauf mit Rucola

Zutaten (für 4 Personen):
4 EL Olivenöl,
150 g Mozzarella,
150 g Joghurt,
3 Messerspitzen Salz,
2 Messerspitzen schwarzer Pfeffer,
2 Knoblauchzehen,
300 g Tomaten,
1 TL Öl zum Einfetten,
6 Salbeiblätter,
350 g Geflügelleber,
600 g Rucola

Zubereitung:
Den Rucola klein schneiden, die Tomaten häuten und vierteln, den Knoblauch schälen, Salbeiblätter zerkleinern. Die Geflügelleber in Streifen schneiden und von beiden Seiten anbraten. Den Salbei hinzufügen und alles mit Pfeffer und Salz würzen, die Leber herausnehmen und beiseitestellen.

Den Backofen auf 225 °C vorheizen. Das übrige Öl erhitzen und den Rucola andünsten. Den Knoblauch zum Rucola pressen und alles mit Pfeffer und Salz abschmecken.

Eine feuerfeste Form einfetten, den gedünsteten Rucola auf dem Boden verteilen. Die Leber und die Tomatenwürfel darauflegen und das Ganze erneut pfeffern.

Den Mozzarella in dünne Scheiben schneiden. Den Joghurt mit Pfeffer und Salz glatt rühren und über dem Auflauf verteilen, dann die Mozzarellascheiben obendrauf legen und alles auf der mittleren Backofenschiene etwa eine halbe Stunde überbacken.

Gelungene interkulturelle Kommunikation

Habe ich Ihnen schon von den Müllers erzählt? Die Familie kam vor einem Jahr aus Augsburg nach Città di Castello. Es hieß, sie liebten Italien und wollten deshalb dort, wo sie bisher Urlaub gemacht hatten, eine neue Existenz aufbauen. Sie eröffneten ein Restaurant, das sie ›Cucina tedesca‹ nannten, und boten dort deutsche Küche an. Allora … nichts gegen die deutsche Küche, aber wir Italiener lieben nun mal mediterranes Essen, leichte Kost, die man bei Hitze besser verträgt, viel frisches Gemüse, das bei uns überall wächst, und mehr Nudeln als Kartoffeln. Kohlgerichte werden in Italien wenig gegessen, das Sauerkraut mit Eisbein, das die Müllers anboten, wurde von allen Einheimischen verschmäht.

Ich lernte Signora Müller bei meiner deutschen Nachbarin Silke kennen und hörte mir lange ihr Klagen an. »Niemand will unser gutes Sauerkraut mit Eisbein essen. Und die Blutwurst ist ein echter Ladenhüter.«

Meine Nachbarin und ich, wir kamen dann auf eine großartige Idee. Warum nicht die deutsche und die italienische Küche miteinander verbinden? Im Nu hatten wir zwei tolle Rezepte kreiert, die verhindern sollten, dass das Restaurant ›Cucina tedesca‹ wieder schließen musste. Bandnudeln mit Sauerkraut – oder Crauti, wie die Italiener sagen – und Blutwurstravioli. Auf der Grundlage dieser Ideen hat Herr Müller noch weitere Rezepte erfunden und dann seinem Ristorante einen neuen Namen gegeben: ›Crossover‹. Sie verstehen vielleicht, was das heißt, ich habe nie Englisch gelernt. Die meisten Gäste sehen jedenfalls auf den ersten Blick, dass Signor Müller die deutsche und die italienische Küche verbindet und vermischt. Ein toller Erfolg!

Tagliatelle con Crauti
Bandnudeln mit Sauerkraut

Zutaten für 4 Portionen:
500 g Sauerkraut,
1 Zwiebel,
2 Knoblauchzehen,
1 EL Olivenöl,
100 ml Gemüsebrühe,
400 g Bandnudeln (Tagliatelle),
200 g Schmand, (evtl. auch mehr)
1 Bund glatte Petersilie,
schwarzer Pfeffer, Salz,
2 TL edelsüßes Paprikapulver,
geriebener Parmesan zum Bestreuen

Zubereitung:
Ich habe Signor Müller zugesehen und ihm beim Kochen geholfen, damit das Italienische gut gelingt und das Deutsche nicht wieder die Oberhand gewinnt. Das Zwiebel- und Knoblauchhacken habe ich übernommen und auch beides im Olivenöl glasig gedünstet. Dann hat Signor Müller das Sauerkraut hinzugefügt und es kurz angebraten. Er hat den Gemüsefond angegossen und das Ganze etwa 15 Min. schmoren lassen.

Inzwischen habe ich mich um die Nudeln gekümmert und sie al dente gekocht. Signor Müller hat den Schmand unter das Sauerkraut gemischt und es mit Salz, Pfeffer und Paprikapulver pikant abgeschmeckt. Wer gerne Knoblauch mag, kann auch noch eine Zehe zusätzlich hineinpressen.

Wir haben dann die Nudeln mit dem Sauerkraut gemischt und mit etwas Parmesan und gehackter Petersilie bestreut. »Buono!«

Wir hatten einen wunderbaren Abend in der Cucina tedesca und haben uns gleich für den nächsten Tag verabredet, um die Blutwurstravioli auszuprobieren.

Ravioli con Sanguinaccio
Blutwurstravioli

Zutaten für 4 Portionen:
200 g Mehl,
4 Eier,
1 Eigelb,
1/2 Ring Blutwurst,
Salz,
Olivenöl

Zubereitung:
Ich habe mich natürlich um die Ravioli gekümmert, habe das Mehl mit den Eiern, einer Prise Salz und einem Schuss Olivenöl verknetet, bis ein elastischer Teig entstanden war.

Signor Müller hat die Blutwurst geholt, acht Scheiben abgeschnitten und sie beiseitegestellt. Den Rest hat er durch den Wolf gedreht.

Ich habe dann den Nudelteig ausgerollt, die Ravioli ausgestochen und mit der Blutwurstmasse gefüllt. Signor Müller hat die Ränder mit Eigelb verschlossen. Wir haben sie bissfest gekocht und sofort mit den acht Scheiben kross gebratener Blutwurst serviert. Erstaunlich, wie gut sich die deutsche und italienische Küche kombinieren lässt!

Bittersüße Tortenschlacht

Rosamunda ist die Frau meines Bruders Michele, meine Schwägerin. Ich habe sie ja schon ein paarmal erwähnt. Leider haben wir uns vom ersten Tag an nicht gut verstanden. Anfänglich ging es ja noch, aber dann kam dieser Streit …

Es ging um den Amarettinikuchen meiner Schwägerin. Ich war der Meinung, dass ihr der Kuchen zu süß geraten war. Dio mio, man wird ja mal eine kleine Kritik anbringen dürfen! Ich wollte Rosamunda doch nur helfen, damit sie beim nächsten Mal etwas weniger Zucker zum Teig gab. Aber sie hielt prompt dagegen und behauptete, meine Karamelltorte, die ich zur Kommunion eines Nachbarkindes beigesteuert hatte, sei viel zu bitter gewesen. »Du hättest ruhig mehr Zucker nehmen können.«

Leider hatten wir beide schon einige Ramazzotti getrunken, sodass die Diskussion sehr bald unsachlich wurde. Im Nu kam Rosamunda auf meinen frühen Kindersegen zu sprechen, der mit meiner Karamelltorte nun wirklich nichts zu tun hatte. Woraufhin ich ihre Kinderlosigkeit zur Sprache brachte, die – zugegeben! – ebenso wenig mit ihrem Amarettinikuchen zu tun hatte. Aber dann behauptete meine Schwägerin doch glatt, Michele sei kerngesund, weil er nicht so viele Mäuler zu stopfen habe, während mein Dino, Gott hab ihn selig, schon früh zu kränkeln begonnen hatte. »Kein Wunder bei sieben Kindern!«

Es ist mir peinlich zuzugeben, dass man uns voneinander wegzerren musste, damit wir uns nicht die Haare ausrissen.

Aber da wir zu ein und derselben Familie gehören, haben wir einander natürlich schnell vergeben und lassen niemanden merken, dass wir uns aus dem Wege gehen. Keine Frage übrigens, dass Rosamundas Amarettinikuchen noch immer zu süß ist, aber selbstverständlich lasse ich kein Sterbenswörtchen mehr darüber verlauten, wenn er mir vorgesetzt wird.

Torta di Amarettini
Amarettinikuchen

Zutaten:
60 g Butter,
4 Eier,
175 g Zucker
2 P. Vanillezucker,
1 Prise Salz,
100 g Mehl,
75 g Stärke,
1 TL Backpulver,
150 g Amarettini-Mandelkekse,
250 g Sahne,
400 g Schmand,
3 TL Lebkuchengewürz,
2 EL Aprikosenkonfitüre,
Puderzucker und Kakao zum Bestäuben

Zubereitung:
Rosamunda lässt die Butter schmelzen, trennt die Eier, schlägt das Eiweiß steif und gibt Zucker, Vanillezucker und Salz dazu. Ich glaube, sie nimmt 200 g Zucker, ich meine aber, dass 125 g Zucker genug sind. Dann werden die Eigelbe dazu-

gegeben. Rosamunda mischt Mehl, Stärke und Backpulver miteinander und siebt es auf den Eischaum. Anschließend wird alles vermengt. Rosamunda streicht den Teig auf ein mit Backpapier belegtes Blech und belegt eine Hälfte dicht an dicht mit Amarettini. Im heißen Ofen wird der Biskuitteig dann etwa 10 Minuten gebacken.

Rosamunda hat immer Mühe, ihn von dem Papier zu lösen, aber natürlich lässt sie sich nicht von mir helfen. Typisch! Nur das Sahneschlagen darf ich erledigen, während Rosamunda Schmand, 50 g Zucker, Vanillezucker und das Lebkuchengewürz zu einer dicken Creme verschlägt. Danach wird die Sahne darunter gehoben. Anschließend streicht Rosamunda erst die Aprikosenmarmelade und dann die Creme auf die Hälfte des Biskuitbodens, die nicht mit Amarettini belegt ist. Die Amarettinihälfte wird mit einem Messer vom restlichen Biskuitteig abgeschnitten und auf die Schmandschicht gelegt. Bis die Gäste kommen, wird die Torte kalt gestellt – und kurz vor dem Servieren mit Puderzucker oder Kakao bestäubt.

Torta di Caramella
Karamelltorte

Zutaten:
6 Blatt Gelatine,
500 g Mascarpone,
300 g Schmand,
150 g Zucker,
2 P. Vanillezucker,
50 ml Mandellikör (z.B. Amaretto),
1 EL Zimt,

250 g Schlagsahne,
50 ml Espresso,
60 Löffelbiskuits,
200 g Haselnusskrokant,
80 ml Karamellsoße,
Melisseblättchen

Zubereitung:
Mit diesem Kuchen kenne ich mich aus, den backe ich im Schlaf. Und natürlich lasse ich mir nicht von Rosamunda helfen, obwohl sie es immer wieder anbietet.

No, no, das geht ja molto presto. Gelatine in kaltem Wasser einweichen, Mascarpone, Schmand, Zucker, Vanillezucker, 20 ml Likör und Zimt verrühren. Minutensache! Aber nicht mehr als 150 g Zucker nehmen! Rosamunda hat unrecht, wenn sie behauptet, mein Kuchen wäre nicht süß genug. Nonsenso!

Gelatine dann bei geringer Hitze schmelzen und 2 EL Mascarponecreme unterrühren. Die Gelatinemischung unter die restliche Mascarponecreme mischen. Sahne steif schlagen und ebenfalls unterheben.

Löffelbiskuits in je 5 Stücke schneiden, die Endstücke beiseitelegen. Die Hälfte der Biskuitstücke verteile ich dann hochkant dicht an dicht auf dem Springformboden. Den übrigen Likör mit dem Espresso mischen, die Biskuitstücke in der Form mit der Hälfte der Likörmischung beträufeln. 60 g Haselnusskrokant daraufstreuen, mit der Hälfte der Mascarponecreme bestreichen. Darauf lege ich eine weitere Schicht Biskuit. Die beträufle ich mit dem Rest Likörmischung und bestreue sie mit 60 g Krokant. Die Hälfte der restlichen Creme darauf verstreichen, mit etwas Krokant bestreuen, den Rand mit den Biskuitendstücken umstellen. Nun die übrige

Creme von der Mitte aus glatt streichen. Im Kühlschrank mindestens 3 Stunden fest werden lassen. Die Torte aus der Form lösen, mit dem Rest Haselnusskrokant, Karamellsoße und den Melisseblättchen verzieren.

Ein süßes Geheimnis

Die Signora, von der ich Ihnen jetzt erzähle, darf ich nicht beim Namen nennen. Dio mio! Mir ist die Geschichte unter dem Siegel der Verschwiegenheit anvertraut worden. Aber wenn ich keinen Namen nenne, kann ich sie ruhig weitererzählen, oder? Meine Schwester Ludovica, die in Perugia verheiratet ist, hat sie mir zugeflüstert. Es ging um ihre Nachbarin, die zu Ludovicas Geburtstagsfeier eingeladen war und am längsten blieb. Sie trank einen Prosecco nach dem anderen und wurde mit einem Mal redselig. Ludovica erfuhr zu ihrem Entsetzen, dass keins der drei Kinder ihrer Nachbarin von ihrem Ehemann war. Der Vater des ersten Kindes war der Bäcker, der des zweiten der Lehrer, und der Vater des einzigen Sohnes war ein Tourist, der schon nach Solingen zurückgekehrt war, als die Nachbarin merkte, dass sie schwanger war. Ludovica ist die Einzige, die davon weiß. Und ich natürlich. Und … ja, Sie nun auch. Aber da Sie den Namen von Ludovicas Nachbarin nicht kennen, ist das nicht weiter schlimm.

Meiner Schwester gefällt es übrigens, dass ihr das unmoralische Verhalten ihrer Nachbarin gebeichtet wurde. Jeden Sonntag kommt die Nachbarin seitdem zu ihr und besticht sie mit selbst gemachten Pralinen, damit sie auch weiterhin schweigt.

Cioccolatini
Selbst gemachte Pralinen (Schnittpralinen)

Zutaten:
200 g Marzipanrohmasse,
100 g Puderzucker,
200 g Nussnougat,
Puderzucker zum Ausrollen

Zubereitung:
Marzipanrohmasse und Puderzucker gründlich verkneten. Die Hälfte der Masse auf etwas Puderzucker etwa einen halben Zentimeter dick zu einem Rechteck ausrollen. Den Nougatblock längs halbieren. Eine Hälfte auf das ausgerollte Marzipan legen und darin einschlagen, andrücken und in 0,5 cm dicke Scheiben schneiden. Mit der zweiten Marzipan- und Nougathälfte genauso verfahren. Molto semplice, ganz einfach! Aber molto delizioso!

Von der jungen Frau, die nicht rechnen konnte

Nando, dessen Pizza quattro formaggio berühmt ist, hat noch eine andere Spezialität: Steinpilzpizza. Und er war der erste Pizzabäcker von Panidomino, der auf die Idee kam, einen Lieferservice einzurichten. Er kaufte einen Wagen, auf den er ›Nandos flitzende Pizza‹ schreiben ließ, und stellte einen Fahrer ein. Von da an konnte man bei Nando anrufen und sich Pizza ins Haus liefern lassen. Das ist veramente eine praktische Sache, wenn man keine Zeit zum Kochen oder die Zutaten nicht im Haus hat. Für mich kommt so was natürlich nicht infrage, aber meine Töchter und Schwiegertöchter rufen häufig bei Nando an.

Einmal waren ein paar Freundinnen und ich am Abend bei meiner Freundin Marina eingeladen, der vormittags der Herd kaputtgegangen war. Was für ein Segen, dass es Nandos flitzende Pizza gab. Diesmal brachte er sie höchstpersönlich ins Haus, weil sein Fahrer krank geworden war. Die Runde von sechs fröhlichen Frauen gefiel ihm, und er ließ sich auf einen Vino rosso einladen. Bei dieser Gelegenheit erzählte er uns eine Geschichte, über die wir heute noch lachen.

In der Pension von Signora Fontana wohnte eine junge Frau, die abends gerne eine Pizza essen, sich aber nicht mehr umziehen wollte, um in eine Trattoria zu gehen. Sie rief bei Nando an und bat um die Lieferung einer Steinpilzpizza.

Da Nando wusste, dass sie in ihrem Pensionszimmer kein scharfes Messer zur Hand haben würde, fragte er sie: »In wie viele Stücke soll ich sie schneiden? Sechs oder acht?«

»Sechs, bitte!«, antwortete die junge Frau. »Acht schaffe ich nicht.«

Pizza a la Funghi porcini
Steinpilzpizza

Für diese Pizza stellte Nando immer einen Hefeteig her. Ist sehr lecker, aber aufwendiger als der Quark-Öl-Teig. Und wie immer rät er dazu, den Teig gleich in dreifacher Menge zu machen, damit sich der Arbeitsaufwand lohnt.

Zutaten für eine Portion Pizzateig:
5 g frische Hefe,
500 g Pizzamehl,
Salz,
Mehl zum Bestäuben

Zutaten für den Belag:
15 g getrocknete Steinpilze,
4 EL Olivenöl,
300 g geschälte Tomaten aus der Dose,
Salz,
Pfeffer,
Zucker,
400 g frische Steinpilze,
250 g Büffelmozzarella,
120 g Fontina-Käse,
40 g Parmesan,
1/2 Bund glatte Petersilie

Zubereitung des Teigs:
Hefe in 300 ml lauwarmes Wasser bröseln und verrühren, bis sie sich aufgelöst hat. Mehl und etwas Salz zugeben. Alles zu einem Teig verarbeiten und 10 Minuten lang geschmeidig kneten. Anschließend luftdicht mit Klarsichtfolie abdecken und 1,5 Stunden bei Zimmertemperatur gehen lassen. Danach noch einmal durchkneten, in drei gleiche Portionen teilen und zwei davon einfrieren. Die andere zu einer Kugel formen, auf eine bemehlte Arbeitsfläche legen und mit etwas Mehl bestäuben. Noch einmal mit Klarsichtfolie abdecken und ca. eine Stunde gehen lassen.

Den Backofen auf 250°C vorheizen. Nando nimmt natürlich seinen Pizzaofen, aber er war so freundlich, dieses Rezept für eine normale Person und nicht für einen Pizzabäcker aufzuschreiben.

Zubereitung des Belags:
Die getrockneten Steinpilze im Blitzhacker fein zerkleinern und in einem Esslöffel Öl 2–3 Minuten andünsten. Tomaten mit dem Saft zerdrücken, zu den Steinpilzen geben, kurz umrühren und mit Salz, Pfeffer und einer Prise Zucker würzen. Die frischen Steinpilze in Scheiben schneiden, ebenso den Mozzarella und den Fontina. Den Parmesan fein reiben und die Petersilienblätter von den Stielen zupfen. Die Teigkugel auseinanderdrücken (von innen nach außen), ungefähr zu einem Kreis von 20 cm Durchmesser. Aber nicht zu flach, das hat Nando ganz klargemacht, die Pizza braucht einen schönen, dicken äußeren Rand. Mit Tomaten-Pilz-Sugo bestreichen, dann mit dem Käse belegen. 10–12 Minuten backen, danach mit einem Esslöffel Olivenöl beträufeln und mit Petersilie bestreuen.

Das Geheimnis der Signora Monegasso

Als Signora Monegasso nach Panidomino zog, gab es viel Gesprächsstoff. Die Männer redeten über die üppige Figur der Signora, ihren wiegenden Gang, die blonden Locken und ihren Augenaufschlag, den sie jedem Mann schenkte, egal wie alt oder hässlich er war. Sie konnte anscheinend nicht anders. Wir Frauen redeten über ihr skandalös tiefes Dekolleté, über ihre gefärbten Haare, ihre angeklebten Wimpern, ihre Brustvergrößerung und ihre Kleidung, die viel zu jugendlich war. Und alle, Männer wie Frauen, fragten sich, woher sie eigentlich kam, womit sie ihr Geld verdiente und wie sie sich das schöne große Haus am Rande des Dorfes leisten konnte. Verheiratet war sie nicht, geschieden oder verwitwet auch nicht, das hatte meine Freundin Marina herausbekommen, alles andere jedoch blieb ein Geheimnis. Die ganze Signora war ein einziges Geheimnis. Allerdings – das muss auch gesagt werden – war sie eine sehr nette, fröhliche, hilfsbereite Person.

Schon bald nach ihrem Einzug gab sie eine Party für ihre Nachbarn. Ein schöner Abend! Es floss viel Wein, und das Essen war vorzüglich. Signora Monegasso hatte ein Sellerie-Carpaccio gemacht – fantastico! Nach diesem Abend waren wir geneigt, sie in unserer Mitte aufzunehmen, ohne noch länger nach ihrer Vergangenheit zu fragen.

Doch dann kam eines Tages ein Reisender in unser Dorf, der Vertreter einer Kosmetikfirma, der uns Frauen Cremes verkaufen wollte, die uns angeblich zehn Jahre jünger machten, und Parfüms, mit denen wir unsere Männer bezirzen sollten. Ich war damals schon Witwe, einen Mann, den ich bezirzen wollte, gab es nicht mehr, und warum sollte ich zehn Jahre jünger aussehen? Ich hatte kein Interesse, holte aber Signora Monegasso hinzu, von der ich glaubte, dass sie gerne zehn Jahre jünger aussehen wollte und die Hoffnung hatte, dass sich über kurz oder lang ein Mann fand, der sich gern von ihr bezirzen lassen wollte. Was wir bei dieser Gelegenheit erfuhren, war unglaublich. Der Reisende kannte Signora Monegasso, allerdings als ›die schöne Lola‹ aus einem Nachtklub in Florenz, wo sie sich jeden Abend ausgezogen und mit den Männern ins Séparee gegangen war, die sie dafür bezahlten.

»Eine Nutte!« Meine Freundin Marina nannte es beim Namen. Daher also hatte sie das Geld, um sich dieses schöne, große Haus leisten zu können.

Von da an wurde Signora Monegasso geschnitten, niemand wollte mehr etwas mit ihr zu tun haben. Natürlich hatten auch alle Nachbarinnen Angst, dass ihre Männer das Ersparte mit Besuchen bei der Signora durchbringen würden. Sie hielt noch ein paar Monate durch, aber dann verkaufte sie das Haus und zog woandershin, wo niemand sie kannte. Zum Glück war es mir noch gelungen, ihr vorher das Rezept für das Sellerie-Carpaccio abzuschwatzen, wir haben es sogar am Abend vor ihrer Abreise gemeinsam zubereitet. So war ich auch die Einzige, die ihr nachwinkte, als sie abreiste. Wirklich schade, dass sie wegzog! Abgesehen von ihrer skandalösen Vergangenheit war sie wirklich eine nette Person.

Carpaccio di Sedano rapa
Selleriecarpaccio

Zutaten für 4 Personen:
2 Sellerieknollen,
Saft von einer Zitrone,
150 ml Olivenöl,
2 EL Weißweinessig,
3 in Öl eingelegte Sardellen, abgetropft und klein geschnitten,
1 EL Kapern, abgetropft und gehackt,
50 g Parmesan,
1 Bund Rucola,
Salz und Pfeffer

Zubereitung:
Den Sellerie schälen und in sehr dünne Scheiben schneiden. Zu der augenfälligen Fingerfertigkeit der Signora möchte ich aber nichts sagen. Sie jedenfalls produzierte wunderbare Selleriescheiben. Dann verrührte sie Zitronensaft und 4 EL Olivenöl, goss die Mischung über die Selleriescheiben und marinierte sie eine halbe Stunde. Das restliche Olivenöl und den Essig verrührte sie mit Salz und Pfeffer und fügte Sardellen und Kapern zu. Während sie den Rucola auf die Teller verteilte, plauderte sie über ihr aufregendes Leben, aber davon möchte ich hier nichts erzählen. Madonna, was diese Frau alles erlebt hat! Das meiste habe ich ja gar nicht verstanden, und über manches musste ich einfach hinweghören, weil es derart unanständig war, dass ich nichts davon wissen wollte. Aber das nur am Rande ... Signora Monegasso hat die Selleriescheiben auf dem Rucola angerichtet, sie mit dem Dressing beträufelt und mit Parmesanspänen bestreut.

Relazione a quattro

Sie wissen ja, dass ich sehr selten auswärts esse, fast nie. Wozu auch? Ich koche viel zu gern, und ich liebe es, wenn die ganze Familie um den Tisch herum sitzt und mir beim Kochen zusieht. Aber einmal im Jahr, wenn mein Ältester Geburtstag hat, lädt er seine Frau, seine Töchter und mich zum Essen ein. Wir gehen dann immer in das Hotel-Restaurant neben der Kirche, weil Guido mit dem Besitzer befreundet ist. Massimiliano gibt sich dann besonders viel Mühe. Das Gericht, das ich jedes Mal esse, wird mir in doppelter Portion hingestellt. Seine Garnelen mit Lachsmousse sind aber auch zu köstlich …

Beim letzten Mal herrschte schlechte Stimmung bei Massimiliano. Zwei Männer und zwei Frauen standen voreinander und schrien sich an. Es flogen Wörter wie »Ehebrecher«, »Schlampe«, »Stronzo« und »blöde Tussi« durch den Raum. Man wusste gar nicht, wer mit wem Streit hatte und wer wen beschimpfte. Irgendwie schien jeder auf jeden wütend zu sein.

Massimiliano war froh, als er die vier nach draußen komplimentiert hatte und endlich wieder Ruhe eingekehrt war. Während er uns Prosecco einschenkte, hörten wir sie zwar immer noch schimpfen, aber das Gezeter entfernte sich allmählich.

»Was ist denn passiert?«, fragte Guido.

Massimiliano konnte schon wieder lachen. Und als wir die Geschichte hörten, lachten wir alle. Einer der beiden Männer war ein Handelsvertreter, der eine Ehefrau in Assisi hatte und eine Geliebte, mit der er in Massimilianos Hotel gern Urlaub machte. »Schon lange«, erklärte Massimiliano, »aber in diesem Jahr wohl zum letzten Mal.«

Ja, das glaubte ich auch, als ich hörte, dass der Mann der Geliebten zum selben Zeitpunkt auf die Idee gekommen war, mit seiner jungen Freundin ein paar Tage in völliger Abgeschiedenheit zu verbringen. Und welcher Ort eignet sich dafür besser als Panidomino?

»Er dachte, seine Frau wäre – wie jedes Jahr – mit ihrer Freundin nach Rom zum Shoppen gefahren.«

Ich stellte mir die Gesichter vor, als die vier aufeinandergetroffen waren, und musste schon wieder lachen. Was für eine Tragödie für die vier und was für eine Komödie für alle anderen! An diesem Abend waren wir derart guter Laune, dass Massimiliano sich dazu bereit erklärte, mir das Lachsmousse-Rezept zu verraten.

Gamberetti con Mousse al Salmone
Garnelen mit Lachsmousse

Zutaten für 4 Personen:
300 g rohe ausgelöste Garnelen,
500 ml aufgelöste Gelatine,
3 Lachssteaks,
100 ml Sahne,
2 EL Weinbrand,
Salz und Pfeffer

Zubereitung:
Die Garnelen in Salzwasser 4 Minuten kochen und abtropfen lassen. Die Gelatine gemäß Packungsanweisung zubereiten. Den Boden einer Form mit etwas Gelatine bestreichen und in

den Kühlschrank stellen, bis sie fest ist. Inzwischen den Lachs 5 Minuten von beiden Seiten braten, aus der Pfanne nehmen und zerpflücken, alle Gräten entfernen und mit Sahne und Weinbrand im Mixer zu Püree verarbeiten. Mit Salz und Pfeffer würzen. Einige Garnelen zum Garnieren beiseitelegen und die restlichen auf dem Boden der Form auslegen. Das Lachsmousse in die Form geben, mit einer dünnen Schicht Gelatine bedecken und zwei Stunden kalt stellen. Auf eine Servierplatte stürzen und mit den restlichen Garnelen dekorieren.

Die Rebellion mit Grießpudding

Sie kennen Dr. Hillmot, den Gerichtsmediziner von Sylt? Mein Schwiegersohn, Kriminalhauptkommissar Erik Wolf, hat natürlich öfter mit ihm zu tun. Und manchmal, wenn ich gerade zu Besuch auf Sylt bin und Dr. Hillmot nach einer Obduktion seine Ergebnisse bei Enrico abliefern will, kommt er »rein zufällig« gerade dann vorbei, wenn wir uns zu Tisch begeben haben. Er hat einen unbändigen Appetit, il Dottore. Wenn er vor der Tür steht, bin ich immer in Sorge, dass das Essen nicht reichen wird.

Als er im letzten Frühjahr bei uns auftauchte, war der Zeitpunkt ungünstig. Hätte ich gewusst, dass er am Abend zu Gast sein würde, hätte ich ein besseres Dolce gemacht als ausgerechnet Grießpudding. Aber il Dottore sagte, er habe seit seiner Kindheit keinen Grießpudding mehr gegessen und freue sich darauf.

»Nie wieder Grießpudding?«, fragte ich ihn besorgt. »Weil Sie ihn nicht mehr mögen?«

Aber es war anders. Die Mutter von Dr. Hillmot hatte ihren Jungen, als er noch klein war, mit Grießpudding verwöhnt, weil er sein Leibgericht war. Dann aber, als er älter wurde und nicht mehr so brav war, hatte sie ihn als Erziehungsmittel eingesetzt. Sie kochte ihm Grießpudding, um ihn zu belohnen, und ließ es bleiben, wenn sie ihn bestrafen wollte. Als er in der Pubertät war, verweigerte er den Grießpudding, um gegen dieses Belohnungssystem zu rebellieren, das ihm ungerecht erschienen war. Und nun waren vierzig Jahre vergangen, und ihm fiel auf, dass er nie wieder Grießpudding gegessen hatte, obwohl seine Mama längst nicht mehr lebte und es keinen Grund zum Rebellieren mehr gab. Und am Ende, als er die Schüssel auskratzen durfte, hatte er Tränen in den Augen, weil er an seine Mutter denken musste. Sie hatte ihm übrigens immer Erdbeermarmelade zum Grießpudding serviert. Ich hab's probiert, es schmeckte sehr gut.

Budino di Semolino
Grießpudding

Zutaten für 4 Personen:
1,4 l Milch,
2 P. Vanillepuddingpulver,
140 g Weizengrieß,
120 g Zucker und nach Bedarf Kompott, Apfelmus, Schokolade …

Zubereitung:
Die Milch erhitzen, 6–8 EL davon mit dem Puddingpulver und dem Zucker glatt rühren. Kurz bevor die Milch kocht, den Grieß und dann das Milch-Pudding-Gemisch mit einem Schneebesen unterrühren, aufkochen und bei geringer Hitze ein paar Minuten köcheln lassen. Basta! Das konnte ich schon als kleines Mädchen.

Grießpudding lässt sich kalt oder warm essen, mit oder ohne Beilage. Mir schmeckt er am besten mit Cioccolata. Ich breche sie in Stückchen und versenke sie im Grießpudding. Er schmeckt aber auch gut, wenn man statt Vanille- Schokoladenpuddingpulver nimmt. Am besten, Sie probieren es einfach aus.

Schokoladenkuchen für die Mafia

Signor Remondo war zwar kein freundlicher, aber ein hochgeschätzter Mann. Es gab keinen, der ahnte, warum es seiner Familie finanziell so gut ging, nicht einmal la famiglia selbst. Besser, er hätte vorher schon mal verlauten lassen, dass er der Sohn eines Mafiakillers war, der ihm eine Menge Geld hinterlassen hatte. Schmutziges Geld, blutiges Geld! Aber nein, Signor Remondo hatte geschwiegen, niemand ahnte etwas. Als er starb, zog ich natürlich mein schwarzes Kostüm an und ging zur Trauerfeier. Madonna, war das ein Schreck, als ein berüchtigter Mafiaboss erschien und keinen Hehl daraus machte, dass mit Signor Remondo der Sohn seines besten Killers verschieden war. Dio mio! Der Pfarrer musste die Trauergäste dreimal zur Ruhe ermahnen.

Nach der Beisetzung zerstreuten sich die Nachbarn der Remondos sofort. Keiner wollte mit den Kindern bei Vino rosso über den Toten sprechen, wie es nach jeder Beerdigung nötig ist, damit alle schlechten Erinnerungen weggeredet werden, bis nur noch die guten übrig bleiben. Nein, in diesem Fall wollten alle ohne die Familie des Toten darüber debattieren, ob Signor Remondo immer so schlecht gelaunt gewesen war, weil er als Kind nichts zu lachen gehabt hatte. So ein Mafiakiller konnte ja unmöglich ein fröhlicher, zärtlicher Vater gewesen sein.

Alle sind direkt nach dem letzten Ave-Maria zu Signorina Bernardi gegangen, die immer einen selbst gemachten Marsala im Hause hat. Und die Kinder weigern sich seitdem, das Grab des Vaters zu pflegen. Peppina, die Tochter, die noch geiziger ist als ihre Brüder, kann ihrem Vater bis heute nicht verzeihen, dass sie für vierzig Personen Torta al Cioccolata gebacken hatte, von der nur der Mafiaboss zwei Stücke gegessen hat.

Marsala
wie ihn Signorina Bernardi macht

Zutaten für 4 Personen:
2 Flaschen trockener Rotwein,
1 Flasche lieblicher Rotwein,
1/2 Flasche Rum (54%),
4 P. Vanillezucker,
80 Kaffeebohnen,
500 g Kandiszucker

Zubereitung:
Alle Zutaten mischen und zehn Tage ziehen lassen, täglich einmal umrühren.

Torta al Cioccolata
Italienischer Schokoladenkuchen
wie ihn Peppina Remondo macht

Zutaten:
50 g Butter und Butter zum Einfetten (Peppina Remondo nimmt Margarine, das weiß ich aus sicherer Quelle),
100 g Schokolade,
3 Eier,

150 g Zucker,
100 g Mehl,
Salz

Zubereitung:
Ofen auf 160 °C vorheizen und eine Kuchenform einfetten. Butter (oder Margarine) und Schokolade im Wasserbad schmelzen. Eier und Zucker verrühren, dann Mehl und eine Prise Salz untermengen. Die Eiermasse in die Schokolade gießen und alles noch einmal 10 Minuten rühren. Den Teig in die Form füllen und 20 Minuten backen.

Ein verhängnisvolles Käsesoufflé

Mein Onkel Pietro liebte seine Frau abgöttisch, obwohl sie unbescheiden und anspruchsvoll war. Sie verlangte teuren Schmuck und exklusive Kleidung – und sie bekam beides. Onkel Pietro opferte sein ganzes Erspartes, und als es weg war, verkaufte er sogar sein Elternhaus unter Wert, um Melanias Wünsche zu erfüllen. Der Zeitpunkt für einen Hausverkauf war ungünstig, das wusste er, aber Melania träumte von einer Gucci-Handtasche und einem Cabrio. Und da Onkel Pietro Angst hatte, sie zu verlieren, wenn er ihre Wünsche nicht erfüllte, überließ er einem Nachbarn das Haus zu einem Spottpreis. Und wie ist es ihm gedankt worden? Als Melania fünf Jahre später feststellte, dass das Haus auf einem Grundstück stand, für das eine große Fabrik das Zehnfache zahlte, machte sie Pietro täglich Vorwürfe, weil er zu früh verkauft hatte. Pietro hatte die Ruhe weg und schaffte es eine Weile, die vielen Klagen und Vorwürfe an sich abprallen zu lassen. Aber als Melania sich weigerte, ihm sein geliebtes Käsesoufflé zu machen, und sogar ankündigte, dass sie in den Küchenstreik treten wolle, bis er ihr endlich eine Sauna in den Keller eingebaut hatte, rastete Onkel Pietro aus. Vor lauter Verzweiflung trank er zwei Liter Rotwein, dann hatte er endlich genug Mut, Melania die Meinung zu sagen. Was während dieser Aussprache vorgefallen ist, weiß niemand so genau. Sicher ist nur, dass Onkel Pietro seine Frau so lange würgte, bis ein Nachbar dazukam, der die beiden trennte.

Melania gelang es eindrucksvoll, die harmlose Ehefrau zu spielen, und so wurde Onkel Pietro wegen versuchten Mordes zu mehreren Jahren Gefängnis verurteilt. Als er wieder freikam, hatte Melania sich scheiden lassen und machte sich längst auf Kosten eines anderen Idioten ein schönes Leben. Onkel Pietro sprach nie wieder von ihr, wohl aber von ihrem Käsesoufflé.

Soufflé al Formaggio
Käsesoufflé

Zutaten für vier Personen:
40 g Semmelbrösel,
150 g Emmentaler,
3 Eigelbe,
3 steif geschlagene Eiweiß,
Salz

Zutaten für die Béchamelsoße:
50 g Butter,
30 g Mehl,
500 ml Milch,
1 Prise Muskat,
Salz und Pfeffer

Zubereitung der Béchamelsoße:
Die Butter in einem Topf auslassen, ihn vom Herd nehmen und das Mehl einrühren. Die Milch nach und nach unter ständigem Rühren zugießen. Attenzione! Die Soße muss immer cremig bleiben! Melania hat ständig ein riesiges Theater um die schwere Arbeit des Rührens gemacht, damit mein Onkel ihr dankbar war und ihr ein teures Parfüm neben den Teller legte.
Wenn sie sich damit besprüht hatte, stellte sie den Topf wieder

auf den Herd und brachte die Soße erneut zum Kochen. Die Hitze musste dann reduziert werden, und Melania ließ alles 20 Minuten sanft köcheln. Und immer wieder rührte sie, damit die Soße nicht anbrannte. Zum Schluss wurde die Soße mit Salz, Pfeffer und Muskat abgeschmeckt. Wenn sie zu dick war, fügte sie noch Milch hinzu, wenn sie zu dünn war, ließ sie die Soße einfach noch ein bisschen kochen.

Zubereitung des Soufflés:
Den Backofen auf 200°C vorheizen, eine Souffléform einfetten und mit Semmelbröseln ausstreuen. Die Béchamelsoße in einen Topf schütten, den Käse dazugeben und unter Rühren über einem Wasserbad schmelzen lassen. Salzen und abkühlen lassen. Dann nach und nach die Eigelbe einrühren, das steif geschlagene Eiweiß unterheben, alles in die Form geben und 20 Minuten backen. Danach hat Melania das Soufflé sofort serviert und sich von ihrem Mann mit Dank überschütten lassen.

Napoleons Leibgericht

Eine Trattoria in Panidomino hat einen außergewöhnlichen Namen: ›Pollo alla Marengo‹. Die Besitzerin Signora Cicala erklärt es gern jedem, der sie fragt, wie das Restaurant an diesen Namen gekommen ist. Pollo alla Marengo ist das beliebteste Gericht, das in der Trattoria angeboten wird, sozusagen die Spezialität des Hauses. Und die ist auf Napoleon zurückzuführen. Das behauptet jedenfalls Signora Cicala. Das Gericht wurde praktisch für Napoleon erfunden.

Nach der Schlacht in Piemont soll er sich hungrig in einen Gasthof begeben haben, in dem die Wirtin, eine Vorfahrin von Signora Cicala, gerade dabei war, ein Huhn zu braten. Napoleon lief prompt das Wasser im Mund zusammen. Um es dem großen Feldherrn recht zu machen, holte sie alles herbei, was es noch im Hause gab: Tomaten, Perlzwiebeln, Hühnerbrühe, Brot und Eier. So soll Pollo alla Marengo entstanden sein.

Ob die Geschichte stimmt? Ich bin nicht sicher. Aber Signora Cicala schwört Stein und Bein, dass sie überliefert sei und nicht der geringste Zweifel bestehe, dass Napoleon das Essen genossen habe.

Pollo alla Marengo

Zutaten für 4 Personen:
1 Brathühnchen (etwa 1,2 kg),
Olivenöl,
Salz,
Pfeffer,
2 Knoblauchzehen,
2 geschälte Tomaten oder ein EL Tomatenpüree,
100 ml herber Weißwein,
100 ml konzentrierte Hühnerbrühe,
150 g frische Zwiebeln,
12 Perlzwiebeln,
3 EL Butter,
2 Scheiben Toastbrot,
4 Eier,
1 Messerspitze Fleischextrakt,
1 EL gehackte Petersilie.
Signora Cicala fügt gerne noch 150 g frische Pilze und 4 Süßwasserkrebse bei, aber das muss nicht sein.

Zubereitung:
Das Brathuhn in 4 Teile schneiden. Olivenöl erhitzen, die Teile darin ringsum anbraten und mit Salz und Pfeffer würzen. Die Flügel und die Bruststücke aus der Kasserolle nehmen. Die Schenkel halb zugedeckt bei kleiner Hitze 5 Minuten weiterbraten. Die Schenkel aus der Kasserolle nehmen, etwas Öl abgießen und die klein geschnittenen Tomaten oder das Tomatenpüree und den zerdrückten Knoblauch hineingeben. Einige Minuten anziehen lassen. Mit Weißwein ablöschen, kurz einkochen, dann die Hühnerbrühe zufügen.

Signora Cicalas besonderer Kniff ist es, mit Madeira abzulöschen, was sie bis jetzt niemandem verraten hat. Nur mir!

Unterdessen die geputzten Pilze vierteln. Mit den geschälten Perlzwiebeln in einem zweiten Topf in einem EL Butter knapp weich dünsten. Das Fleisch wieder zu den Tomaten geben. Zugedeckt 15 Minuten schmoren. Die Toastscheiben diagonal halbieren und in der verbliebenen Butter goldgelb rösten. Das restliche Olivenöl erhitzen.

Die Eier in einer Tasse aufschlagen, mit Salz und Pfeffer würzen und in das heiße Öl gießen. Mit einem Löffel rasch das Eiweiß auf das Eigelb zurückschlagen und mehrmals mit heißem Öl begießen. Sobald das Eiweiß fest wird, die Eier warm stellen. Die Fleischstücke aus der Kasserolle nehmen und ebenfalls warm stellen.

Die Soße etwas einkochen lassen und mit Salz, viel Pfeffer aus der Mühle und Fleischextrakt abschmecken. Soße, Perlzwiebeln und Pilze auf den Fleischstücken anrichten und das Gericht mit den frittierten Eiern, den Buttercroûtons und Krebsen garnieren und mit gehackter Petersilie bestreuen.

Italien sucht die Superköchin

Elisa wollte unbedingt ein Superstar werden. Schon als kleines Mädchen hat sie gesagt, dass sie nicht kochen wolle wie ihre Mama, sondern singen und tanzen wie Andrea Berg oder Helene Fischer, die sogar in unserem kleinen umbrischen Dorf bekannt waren. Und dann hörte sie davon, dass in Deutschland regelmäßig im Fernsehen ein Superstar gesucht wird. Elisa wusste sofort: Da wollte sie hin. Einem Mann, der Dieter Bohlen heißt, wollte sie vorsingen, einen Plattenvertrag bekommen und Superstar werden. Ihre Eltern konnten reden, wie sie wollten, Elisa war nicht umzustimmen. Sie packte ihren Rucksack und reiste nach Deutschland.

Ich schaue oft deutsches Fernsehen, um meine Sprachkenntnisse zu verbessern, also haben wir uns alle in unserem Haus getroffen und uns die Sendung ›Deutschland sucht den Superstar‹ angesehen. Madonna, war das eine Aufregung! Elisa, die in Panidomino so eine große Klappe hatte, kam uns nun plötzlich ganz klein vor, so schüchtern, so verzagt. Keiner von uns konnte sich vorstellen, dass Elisa ein Superstar würde. Und wir hatten alle recht. Was die Eltern ihr vergeblich klarzumachen versucht hatten, das schaffte dieser Dieter Bohlen in wenigen Sekunden.

»Du singst wie ein Piepvogel«, sagte er. »Aus dir wird nie eine gute Sängerin.«

Wir fürchteten uns alle vor Elisas Rückkehr, vor ihren Tränen, ihren Wutausbrüchen und ihre Eltern sogar davor, dass sie sich etwas antat. Würde sie das Zutrauen in ihre Fähigkeiten verloren haben? Würde sie nie wieder etwas wagen?

Aber unsere Sorgen erwiesen sich allesamt als unbegründet. Elisa kehrte zurück – und war geheilt. Auf der Stelle meldete sie sich zu einem Kochkurs an und wollte unbedingt lernen, den Nachtisch, den sie liebte, selbst zu machen. Allora … Mascarponecreme ist nun wirklich nicht schwer zuzubereiten, aber wir haben sie alle sehr gelobt, als sie das erste Mal mit einer Schüssel Mascarponecreme ankam. Hauptsache, sie war von der Idee befreit, Superstar werden zu wollen.

Crema di Mascarpone
Mascarponecreme

Zutaten für 6 Personen:
3 Eier,
3 EL Zucker,
300 g Mascarpone,
3 EL Rum

Zubereitung:
Eigelb und Zucker hell und schaumig rühren. Das Eiweiß steif schlagen und unter die Eiermasse ziehen. Den Mascarpone glatt rühren und portionsweise unterziehen. Den Rum vorsichtig unterrühren. Die Creme kalt stellen und mit Feingebäck servieren. Ganz einfach und schnell!

Eine berühmte Köchin wird Elisa damit wirklich nicht, aber besser als ein Superstar, der keiner ist!

Der Vino rosso von Paolo Posani

Sandra, meine Schwiegertochter, hatte einen Nachbarn aus Città di Castello abgeholt, weil der Bus mal wieder nicht kam und er seine Frau telefonisch nicht erreichen konnte.

»Zum Dank hat er mir eine Flasche Rotwein geschenkt«, erzählte sie mir. »Du willst doch morgen Rotweinkuchen backen, wenn deine Cousinen zu Besuch kommen. Du weißt ja, wie geizig Paolo Pisani ist. Sicherlich taugt der Rotwein nichts. Aber zum Backen wird er gut genug sein.«

Der Rotweinkuchen war köstlich wie immer, alle lobten ihn und griffen kräftig zu, sodass ich selbst nur den Apfelkuchen aß, weil ich in Sorge war, dass der Rotweinkuchen nicht reichte. Allerdings bekam ich schon am nächsten Tag einen Anruf. Fabia, die Tochter meiner Cousine Lorena, berichtete, dass ihre Mutter krank im Bett liege. Eine schlimme Magenverstimmung!

Das tat mir sehr leid. Ich gab ihr gute Ratschläge, damit Lorena bald wieder gesund wurde, dachte mir aber ansonsten nichts dabei. Als jedoch am selben Tag noch weitere Anrufe kamen und sich herausstellte, dass all meine Cousinen krank geworden waren, war ich alarmiert. Und Fabia sprach es schließlich aus: »Bei dir ist etwas auf den Tisch gekommen, was nicht in Ordnung war.«

Natürlich verwehrte ich mich dagegen, schließlich ging es mir selbst ja prima, aber dann fiel mir ein, dass ich als Einzige den Rotweinkuchen nicht gegessen hatte. Ich überprüfte alle Zutaten, aber die Eier waren ganz frisch, die Butter ebenfalls, Kakao und Schokostreusel waren in Ordnung, Mehl und Zucker sowieso. Blieb also nur der Rotwein. Sandra und ich überlegten lange. Sollten wir ihn probieren? Das Risiko eingehen, dass wir uns bald mit den gleichen Symptomen abplagen mussten wie die anderen?

Wir haben es schließlich getan. Nur ganz wenig, ein bisschen genippt, aber das hat schon gereicht. Am nächsten Tag ging es uns so schlecht, dass Sandra krankfeiern musste und ich nicht in der Lage war, das Frühstück für ihre Kinder zuzubereiten. Erst am nächsten Tag, als es mir besser ging, fühlte ich mich in der Lage, die Karaffe zu den Pisanis zurückzubringen. Paolo war nicht zu Hause, Concetta, seine Frau, öffnete mir. Als sie hörte, was der Rotwein, den Paolo uns geschenkt hatte, ausgelöst hatte, fing sie an zu weinen.

Ich beruhigte sie: »Mach dir keine Sorgen, Concetta! Du musst ihn einfach nur wegkippen. Wir sind ja alle wieder gesund. Ich wollte euch nur warnen, damit ihr nichts davon trinkt.«

Aber Concetta hörte nicht auf zu weinen. Und mit einem Mal wollte sie ihr Gewissen erleichtern. Als wäre ich der Pfarrer, dem sie unbedingt beichten wollte, damit ihr vergeben wurde. Sie gestand mir, dass sie dem Rotwein Nieswurz beigegeben habe, Elleboro, wie es bei uns heißt, ein Kraut, das Erbrechen, Durchfall, Muskelkrämpfe und Atemnot hervorruft, in hohen Dosen sogar tödlich sein kann.

»Warum?«, fragte ich fassungslos.

Concetta gestand, dass sie ihren Mann außer Gefecht setzen wollte. Sie hatte sich schon gewundert, dass er trotzdem noch gesund und munter war. »Ich konnte ja nicht ahnen, dass er den Rotwein verschenken wird«, schluchzte sie.

Dio mio! Eigentlich dürfte ich es ja gar nicht erzählen, aber da die Ehe der Pisanis sowieso kaputt ist, kann ich auch darüber reden. Concetta wollte sich mit ihrem Liebhaber treffen und sichergehen, dass ihr eifersüchtiger Ehemann ihr nicht folgte. Schachmatt setzen wollte sie ihn. Aber das hat nicht geklappt.

Paolo ging es prima, er konnte seiner Frau folgen und sie in flagranti ertappen.

Bevor ich ging, hat Concetta noch die Karaffe, die ich zurückgebracht hatte, an die Wand geworfen, dann hat sie ihren Koffer gepackt und Paolo mit den Scherben sitzen lassen.

Torta di Vino rosso alla Nonna
Rotweinkuchen nach Großmutters Art

Zutaten:
250 g weiche Butter,
250 g Zucker,
2 P. Vanillezucker,
4 Eier,
250 g Mehl,
1 P. Backpulver,
1 TL Zimt,
125 g Schokostreusel,
125 ml Rotwein,
1 EL Kakao

Zubereitung:
Butter, Zucker, Vanillezucker und Eier schaumig rühren. Restliche Zutaten zugeben und gut verrühren. Dabei darauf achten, vorher Mehl und Backpulver zu vermischen. In eine Form (Kranz oder Gugelhupf) geben und auf der unteren Schiene des Backofens 45–60 Minuten backen. Danach 10 Minuten ruhen lassen, anschließend stürzen und auf einem Gitter auskühlen lassen. Zum Servieren kann man den Kuchen entweder mit Puderzucker bestäuben oder mit einer Rotweinglasur überziehen (einfach Puderzucker und Vino rosso glatt rühren).

Das Beste an diesem Kuchen ist, dass man ihn schon drei Tage vorher machen kann. Er schmeckt sogar besonders gut, wenn er ein paar Tage durchziehen konnte. So hat man an dem Tag, an dem der Besuch kommt, nicht so viel zu tun.

Ein Kuss an Weihnachten

Unser Pfarrer sagt es jedes Jahr: »Carlotta, ohne deine ›baci di natale‹ wäre Weihnachten nur halb so schön.«

Ja, meine ›Weihnachtsküsse‹! Mit diesem Gebäck habe ich in Westerland sogar mal an einem Backwettbewerb teilgenommen. Und ich habe gewonnen! Allerdings zusammen mit einer Sylterin, deren friesische Weihnachtstorte auch sehr lecker war, das muss ich zugeben. Es war nicht schlimm, dass wir uns den Preis teilen mussten.

Übrigens … dieser Backwettbewerb wäre beinahe ins Wasser gefallen, weil ein Mord dazwischenkam. Mehr verrate ich Ihnen aber nicht, sonst rutscht mir am Ende noch der Name des Mörders heraus. Sie wollen wissen, was damals geschah? Dann müssen Sie eben die Geschichte ›baci di natale‹ in ›Schöne Bescherung‹ lesen. Buon divertimento!

Baci di Natale
Weihnachtsküsse

Zutaten:
175 g Butter,
175 g Puderzucker,
1 Prise Salz,
3 Eier,

250 g Mehl,
40 g Kakaopulver,
150 g Zartbitterschokolade,
100 g Sahne,
150 g Marzipanrohmasse,
Puderzucker zum Bestäuben

Zubereitung:
Butter, Puderzucker und Salz cremig schlagen. Eier einrühren, dann Mehl und Kakaopulver unterrühren. Den Teig in einen Spritzbeutel mit Lochtülle füllen und ca. 5 cm lange Streifen spritzen. Im Backofen bei 180 °C backen, dann abkühlen lassen.

Für die Füllung die Schokolade grob hacken. Die Sahne aufkochen und die Schokolade darin auflösen. Abkühlen lassen, bis sie noch streichfest ist. Die Hälfte der Plätzchen auf der Unterseite mit Schokocreme bestreichen und die übrigen Plätzchen daraufsetzen. Aus der Marzipanrohmasse dünne Stränge rollen und als Schleife um die Plätzchen legen. Mit Puderzucker bestäuben. Basta!

Tischmanieren

Ich glaube, es war Viola, die jüngste Friseurin von Panidomino, die eine Weisheit kundtat, von der wir anderen noch nie etwas gehört hatten. Es war während der Silberhochzeit von Attilia und Ilario. Alle Nachbarn saßen im Garten und aßen Attilias köstlichen Milch-Schweinebraten, den besonders die Männer gern mochten. Sie griffen immer wieder zu, schlangen eine Fleischscheibe nach der anderen in sich hinein, leckten sich die Finger ab und machten nicht einmal davor halt, genüsslich zu rülpsen. Das war der Augenblick, in dem Viola behauptete: »Ob ein Mann ein guter Liebhaber ist, erkennt man an der Art, wie er isst.«

Dio mio! So etwas hatte ich noch nie gehört. Eigentlich habe ich mir auch nie Gedanken gemacht, ob mein Dino ein guter Liebhaber war oder nicht, ich hatte ja sowieso keine Vergleichsmöglichkeiten. Aber kaum war der Satz heraus, begannen die Männer manierlich zu essen, ließen sich Zeit, benutzten anmutig ihre Servietten und boten sich gegenseitig die Schüsseln an. Viola wurde sogar geradezu genötigt, nur das Beste zu nehmen und zu genießen. Alle Männer wollten für sie auf die besten Fleischscheiben verzichten. Sehr merkwürdig, è vero?

Seitdem heißt es, dass die Männer von Panidomino die besten Liebhaber Italiens seien. Jedenfalls behaupten sie selbst das, und es kümmert sie nicht, dass wir Frauen sie dann auslachen.

Mein Nonno hatte übrigens auch einen schönen Spruch, den er immer hersagte, wenn Schweinebraten auf den Tisch kam. »Schweinebraten ist ein warmes Bett für die Seele.«

Er meinte, dass jedes Problem ein wenig kleiner werde, wenn man Schweinebraten zu essen bekomme.

Arrosto di Maiale con il Latte
Italienischer Milch-Schweinebraten

Zutaten für 4 Portionen:
1 kg Schweinebraten,
Salz und Pfeffer,
Majoran,
Rosmarin,
1 Knoblauchzehe,
2 EL Öl,
1 Liter Milch,
1 Tasse Champignons,
1 EL gehackte Kräuter,
1 EL Mehl

Zubereitung:
Das Fleisch mit Salz, Pfeffer, Majoran, Rosmarin und einer zerriebenen Knoblauchzehe einreiben. Das Öl in einer Kasserolle erhitzen, das Fleisch darin scharf von allen Seiten anbraten und mit Milch auffüllen. Champignons hinzufügen und den Braten etwa 2 Stunden sachte kochen lassen, dann herausnehmen und in Scheiben schneiden. Die Soße binden und mit gehackten Kräutern abschmecken, die Fleischscheiben in der Soße anrichten.

Und wenn Sie möchten, dass Ihr Mann trotz Heißhunger manierlich isst ... na, Sie wissen schon.

Zio Ulricos Pferdeknochen

Ich hatte einen Onkel, der arbeitete als Schinkenprüfer in der Nähe von Parma. Als meine Mutter einmal sehr krank war, musste ich einen ganzen Sommer bei Onkel Ulrico und Tante Marisa verbringen. Ich hatte schreckliches Heimweh, und wenn es besonders schlimm war, nahm Zio Ulrico mich mit, wenn er zu einem Bauern gerufen wurde, der seine Schinken in den Handel geben wollte. Noch heute betrachte ich jeden Schinken genau, ehe ich ihn kaufe, denn Onkel Ulrico hat mir gezeigt, worauf es ankommt. Der Schinken muss milde sein, auf den Scheiben darf sich kein Salz absetzen, und er muss so lange gereift sein, dass er nicht nach frischem Fleisch riecht. Unser Metzger in Panidomino wird immer nervös, wenn ich Schinken bei ihm kaufen will, weil er weiß, wie kritisch ich bin. Dabei kann er froh sein, dass mir das wichtigste Arbeitsgerät von Zio Ulrico fehlt: der Pferdeknochen. Ein richtiger Schinkenprüfer braucht einen Pferdeknochen, weil dieser ein Aroma vollständig aufnehmen kann, den Geruch aber schnell wieder verliert. Onkel Ulrico stach ihn immer tief in den Schinken und schnupperte dann ausgiebig daran. Danach erst entschied er, ob der Schinken in den Handel durfte oder noch eine Weile reifen musste. Seit dem Sommer bei Onkel Ulrico liebe ich Parmaschinken. Tante Marisa hatte ein ganz schnelles, einfaches Rezept für Überraschungsbesuch oder wenn keine Zeit für ein aufwendiges Essen war. Die Parmaröllchen wurden immer gerne gegessen.

Rotole di Parma con Rucola
Parma-Rucola-Röllchen

Zutaten:
Parmaschinken (so viele Scheiben, wie Personen da sind, oder mehr, wenn jeder mehrere Röllchen haben soll),
1 Becher Crème fraîche,
Rucola im Bund,
Tomatenketchup,
Pfeffer,
Salz und Paprikapulver

Zubereitung:
Crème fraîche, Ketchup, Salz, Pfeffer und Paprikapulver verrühren. Die Soße dünn auf jeweils eine Scheibe Parmaschinken streichen. Ein Sträußchen Rucola am Rand der Schinkenscheibe platzieren. Den Parmaschinken mitsamt dem Rucola und der Soße einrollen. Basta!

Vom Rucola am besten vorher die langen Stiele abschneiden. Hübsch sieht es aus, wenn man oben den Rucola raushängen lässt. Sehr gut schmecken die Röllchen auch, wenn man sie mit grob gehobeltem Parmesan bestreut.

Schweigen ist Gold, Reden ist köstlich

Ausgerechnet Signora Pucciarelli, die Frau unseres Konditors, kam auf die Idee, eine Woche in dem Kloster eines Schweigeordens zu verbringen. Eine Woche kein Wort sagen? Dabei gehörte Signora Pucciarelli zu denen, die gerne und viel redeten, mit anderen und auch über andere. Warum sie unbedingt eine ganze Woche schweigen wollte und dafür noch viel Geld bezahlte, konnte niemand verstehen.

Mir hat sie es erklärt: »Ich will mal innere Einkehr halten, mich nur auf mich selbst besinnen.«

Aber warum kann man dabei nicht reden? Ecco … ich habe so getan, als hätte ich Verständnis für sie, und ihr alles Gute gewünscht. Als sie dann nach zwei Tagen schon wieder vor der Tür stand, dachte ich, sie hätte das Schweigen nicht ausgehalten und unbedingt in die Welt des gesprochenen Wortes zurückgewollt. Aber ganz so war es nicht. Angeblich hatte ihr das Schweigen sogar gutgetan. Nur einmal, ein einziges Mal hatte sie es nicht geschafft. Und ich konnte sie gut verstehen. Wie kann man etwas Leckeres essen, ohne darüber zu reden und sich über die Zubereitung zu unterhalten? So war es Signora Pucciarelli auch gegangen.

In der Klosterküche waren die besten Hähnchenkeulen hergestellt worden, die sie jemals gegessen hatte. Und so war sie nach dem Essen in die Küche geschlichen und hatte den Koch um das Rezept gebeten. Nur leider war sie dabei erwischt und des Klosters verwiesen worden. Ihr Mann hat sich schrecklich darüber aufgeregt, dass so viel Geld zum Fenster rausgeworfen worden war, aber Signora Pucciarelli konnte es verschmerzen. Als sie ihren Koffer gepackt hatte und auf das Taxi zum Bahnhof wartete, war ihr nämlich der Koch gefolgt und hatte ihr – schweigend naturalmente – das Rezept zugesteckt. Als Abschiedsgeschenk. Und sie hatte sich laut und deutlich und mit vielen Worten dafür bedankt. Dass sie nun auch die Hähnchenkeulen so zubereiten kann wie in der Klosterküche, hat ihr das Scheitern erträglich gemacht.

Cosce di Pollo impanate
Panierte Hähnchenkeulen mit Balsamicoreduktion

Zutaten für 4 Personen:
8 Hähnchenkeulen,
je 2 EL gehackter Thymian und Rosmarin,
200 g Paniermehl,
1 Ei,
1 EL Mehl,
reichlich Öl zum Frittieren,
8 EL Balsamicoessig,
10 g Zucker,
2 Tomaten,
Salz und Pfeffer,
2 EL Olivenöl

Zubereitung:
Die Hähnchenkeulen enthäuten, das Fleisch entlang des Knochens einschneiden und es vom Ende her nach unten schieben. Die Kräuter mit dem Paniermehl vermischen, das Ei verquirlen. Die Keulen im Mehl wenden, durch das verquirlte Ei ziehen und danach im Paniermehl wälzen. Die beiden

letzten Schritte wiederholen und die Keulen anschließend in sehr heißem Fett frittieren. Auf Küchenpapier abtropfen lassen und etwa 5 Minuten im Backofen bei 180 °C fertig garen. Den Essig zusammen mit dem Zucker erhitzen, um ein Drittel einkochen. Die Tomaten fein würfeln und mit Salz, Pfeffer und dem Olivenöl anmachen. Die Hähnchenkeulen auf den Tomaten anrichten und mit der Balsamicoreduktion überziehen.

Madonna, ich konnte verstehen, dass Signora Pucciarelli bei dem Genuss dieses Essens nicht den Mund halten konnte. Mir wäre das sowieso nicht möglich. Eine Woche schweigen? No, impossibile! Nun entscheiden Sie selbst, ob Sie lieber schweigen oder die Hähnchenkeulen loben möchten!

Die Erfindung des Carpaccios

Für Leute, die alles besser wissen, gibt es in Deutschland ein wunderbares Wort: Klugscheißer. So jemand ist mein Bruder Adelmo. Er weiß alles und vor allem alles besser. Angeblich weiß er sogar, wie das Carpaccio erfunden wurde und seinen Namen bekam. Allora … die Geschichte ist schön, deswegen will ich sie Ihnen erzählen. Aber ob sie stimmt? Non so, ich weiß es nicht. Adelmo behauptet, er habe, als er einen Besuch in Venedig machte, ›Harrys Bar‹ besucht. Wie er sagte, ist das eine Bar, in der schon viele berühmte Leute eingekehrt sind. Ich weiß das nicht so genau, ich war noch nie in Venezia. Aber Adelmo sagt, dort hätten schon echte Könige gegessen, zum Beispiel König Paul von Griechenland und sogar Prinzessin Diana mit ihrem Charles. In den 50er-Jahren soll es gewesen sein, da ist in ›Harrys Bar‹ eine venezianische Adelige erschienen, die nur ein Mineralwasser bestellte und die Speisekarte zurückwies. Der Besitzer, Giuseppe Cipriani, kannte die Dame und bemerkte gleich, dass sie an diesem Tag sehr traurig, wenn nicht sogar depressiv war. Er sprach sie an, und prompt erzählte sie ihm, dass ihr der Arzt den Verzehr von Fleisch verboten habe.

Giuseppe war sehr betroffen und schlug ihr vor, statt eines knusprig gebratenen Fleischstückes etwas zu kochen. »Gekochtes Fleisch ist was für Magenkranke!«

Aber die Signora bedauerte. Der Arzt hatte ihr nicht nur gebratenes Fleisch, sondern auch gekochtes verboten. Also fleischlose Diätkost! Etwas, was sich die Dame, die Amalia Mocenigo hieß, überhaupt nicht vorstellen konnte.

Giuseppe wollte ihr helfen, verschwand in der Küche und servierte ihr schon bald etwas, was heute eine italienische Spezialität ist: Carpaccio! Rohes Fleisch, das ihr der Arzt ja nicht ausdrücklich verboten hatte! Den Namen erfand Giuseppe in Windeseile. Er liebte nämlich den Maler Vittore Carpaccio, der besonders gern leuchtende Rottöne verwendete und dessen Bilder zu jener Zeit gerade in Venedig ausgestellt wurden. Wie Adelmo behauptete, mundete der adeligen Dame das Carpaccio sehr, und sie kam von da an jeden Abend, um sich Carpaccio servieren zu lassen. Schon am dritten Abend setzte Giuseppe es auf seine Speisekarte …

Möglich, dass Adelmo sich die Geschichte nur ausgedacht hat, weil er uns mal wieder beeindrucken und zeigen wollte, wie klug er ist. Bei Klugscheißern wie ihm muss man immer vorsichtig sein.

Carpaccio di Manzo
Rindercarpaccio

Zutaten für 4 Personen:
400 g Rinderfilet (nehmen Sie das Mittelstück, dann haben Sie später beim Aufschneiden gleich große Scheiben),
1 EL Sonnenblumenöl,
3 EL Olivenöl,
1/2 Limette (unbehandelt, denn Sie brauchen nicht nur den Saft, sondern auch die Schale),
etwas Salz,
frisch gemahlener Pfeffer

Für die Garnitur:
150 g Rucola,
2 EL Olivenöl,
1 EL Balsamico,
Salz,
Pfeffer,
50 g Parmesan

Zubereitung:
Das Filet in Frischhaltefolie einwickeln und eine halbe Stunde in die Tiefkühltruhe legen, denn leicht angefrorenes Fleisch lässt sich viel leichter in dünne Scheiben schneiden. Wenn das erledigt ist, ein Stück Frischhaltefolie dünn mit Sonnenblumenöl bestreichen und die Filetscheiben darauflegen. Mit einer zweiten geölten Folie bedecken. Die Fleischscheiben mit einer schweren Pfanne flach klopfen.

Das Olivenöl mit dem Limettensaft und der Schale verrühren, Salz und Pfeffer dazugeben. Vier Teller mit der Marinade bestreichen. Die obere Folie vom Fleisch abziehen, einen Teller darüberdecken und wenden. Die zweite Folie ebenfalls abziehen. Das Carpaccio mit der Marinade bestreichen.

Für die Garnitur Rucola putzen, waschen und trocken schleudern. Mit Olivenöl, Salz und Pfeffer mischen, auf dem Carpaccio verteilen. Parmesan darüberhobeln und das Ganze mit Pfeffer bestreuen.

Rache ist bitter

War das eine Aufregung, als ein Jugendfreund von Enrico nach Sylt kam! Ein Fernsehkoch! Er wollte in der Küche vom ›Hotel Stadt Hamburg‹ in Westerland einen Kochwettbewerb veranstalten. Was habe ich mich auf den Besuch gefreut! Tagelang habe ich überlegt, was ich ihm zu essen anbieten könnte. So ein berühmter Koch ist ja nur das Allerbeste gewöhnt! Allerdings war er dann mit meinem gefüllten Hähnchen sehr zufrieden und hat mich gelobt und mich sogar eine hervorragende Köchin genannt.

Trotzdem muss ich sagen … so besonders sympathisch fand ich den Mann nicht. Ein richtiger Frauenheld! Den ganzen Abend hat er mit seinen Damenbekanntschaften geprahlt und von einer Kamerafrau erzählt, die ihn gerne heiraten würde. Er aber wollte auf keinen Fall eine Ehe eingehen, er wollte nur seinen Spaß mit dieser armen Frau haben. Dio mio! Solche Männer kann ich ja gar nicht leiden. Als die Kamerafrau sich dann ausgerechnet während dieser Kochshow an ihm rächte …

Aber ich will nicht vorgreifen. Claas Kuhnert, so hieß der Koch, raufte sich die Haare, nachdem er einen Telefonanruf bekommen hatte. Ein Gast war ausgefallen, der am Kochduell teilnehmen sollte. Was nun?

Sie werden es nicht glauben, aber er hatte schnell eine Lösung für sein Problem gefunden. Ich sollte einspringen und vor der Fernsehkamera mein gefülltes Hähnchen kochen. Natürlich habe ich mich mit Händen und Füßen gewehrt, aber Claas Kuhnert hat das nicht gelten lassen. Ecco … und als ich dann daran dachte, wie es sein würde, wenn ich in Panidomino auf der Piazza erzählen würde, dass ich im Fernsehen aufgetreten war, habe ich eingewilligt. So gut ich die Kamerafrau verstehen konnte – dass sie mir meinen Fernsehauftritt kaputt gemacht hat, fand ich nicht nett von ihr. Aber tatsächlich musste die Sendung abgebrochen werden, es ging nicht anders. Die Kamerafrau hatte nämlich ein spezielles Öl unter die Lebensmittel geschmuggelt, die verwendet werden sollten. Jeder dachte an ein gutes Olivenöl, aber in Wirklichkeit handelte es sich um Rizinusöl. Madonna! Ich hatte gerade angefangen, die Hähnchenbrust zu klopfen, da verdrehte Claas Kuhnert plötzlich die Augen und rannte einfach davon. Er war der Erste gewesen, der eins der fertigen Gerichte probiert hatte. Alle standen ganz verdattert da, der Produktionsleiter sprang für Claas ein, stotterte irgendwas in die Kamera und versuchte die Sendung zu retten. Aber dann schoss auch ein Jurymitglied in die Höhe und lief hinter die Kulissen. Ein Kollege folgte auf dem Fuße, was besonders tragisch war, weil mittlerweile die beiden Toiletten, die es auf dem Gang vor der Küche gab, besetzt waren. Ein einziges Fiasko!

Als Claas Kuhnert ein Verdacht kam, wer dafür verantwortlich war, hatte sich die Kamerafrau schon abgesetzt und war verschwunden. Der Fernsehkoch hat stundenlang geflucht und die Frau verwünscht. Aber ich habe heimlich gelacht, trotz meiner Enttäuschung. Ein Mann wie Claas Kuhnert, der die Frauen so schlecht behandelt, der hat es verdient!

Pollo farcito
Gefülltes Hähnchen

Zutaten für 4 Personen:
4 Hähnchenbrustfilets mit Haut,
120 g Butter,
8 Sardellenfilets (abgespült und gehackt),
Saft von einer halben Zitrone,
Muskatnuss,
Salz,
Pfeffer,
100 ml Marsala

Zubereitung:
Die Hähnchenbrust zwischen zwei Lagen Frischhaltefolie mit einem Fleischklopfer plattieren. 100 g Butter mit Sardellen, Zitronensaft, Muskat, Salz und Pfeffer zu einer glatten Paste rühren. Die Hähnchenbrüste damit füllen, zusammenrollen, mit Küchengarn zubinden und mit der restlichen Butter bepinseln. In einer Kasserolle etwa 2 Stunden im Backofen garen, der vorher auf 200 °C vorgeheizt wurde. Den Marsala in den austretenden Fleischsaft einrühren und die Hähnchenbrüste immer wieder damit begießen. Das gegarte Fleisch in dünne Scheiben schneiden und servieren.

Dieses Gericht wurde früher übrigens oft zu Weihnachten angeboten.

Dazu passt wunderbar ein Salat aus Granatäpfeln, Chicorée und Knollensellerie.

Bücher und Bellinis

Signora Anna hat früher mal bei uns im Dorf als Krankenschwester gearbeitet. Wenn sie Nachtdienst hatte und die Patienten ruhig waren, hat sie viel gelesen. Und irgendwann waren ihr die Bücher so wichtig geworden, dass sie beschloss, sie zu ihrem Beruf zu machen. Sie kündigte im Krankenhaus und eröffnete in Panidomino eine Buchhandlung.

Wenn man sie fragte, warum sie den Beruf so radikal gewechselt habe, antwortete sie immer: »Nicht radikal! Noch immer helfe ich Menschen, bin für sie da, wenn sie mich brauchen, und möchte ihnen etwas Gutes tun. Wenn morgens Bücher geliefert werden, räume ich sie in die Regale und mache mehrmals täglich Visite bei ihnen, um zu sehen, ob sie noch ordentlich in ihren Betten liegen. Aber meine wichtigsten Patienten sind natürlich die Menschen, die zu mir kommen.«

Signora Anna fragt sie dann, was sie brauchen, wo es ihnen wehtut, und verkauft ihnen ein Buch, mit dem sie geheilt werden. »Hoffentlich!«

Und wenn sie nicht geheilt werden können, so geht es ihnen vielleicht wenigstens ein bisschen besser, wenn sie ein gutes Buch gelesen haben und für ein paar Stunden aus ihrem Alltag herausgekommen sind.

Seit ich Signora Anna kenne, habe ich ein ganz anderes Verhältnis zu Büchern entwickelt. Vorher hatte ich nur Kochbücher gelesen, als Patientin bin ich nie zu Signora Anna gegangen. Trotzdem lasse ich mir von ihr nun gelegentlich einen schönen Liebesroman als Medizin empfehlen und vergesse dann manchmal wirklich die Zeit. Kürzlich sind mir die Nudeln trocken gekocht und angebrannt, weil ich vergessen hatte, sie abzugießen – so spannend war das Buch, das Signora Anna mir empfohlen hatte.

Für manche Kunden, aber nur für einige, zu denen ich zum Glück gehöre, hat Signora Anna aber noch mehr zu bieten. Sie macht nämlich den besten Bellini, den ich je getrunken habe. Natürlich nennt sie diesen Cocktail eine Medizin, und wenn ich ein Glas bekommen will, muss ich glaubhaft versichern, dass ich dringend einen Bellini brauche, weil ich sonst schwermütig werde oder zu kraftlos für die Apfelernte. Dann sieht Signora Anna ein, dass ein Buch allein als Medizin nicht reicht.

Am schönsten ist es, wenn sie ein bisschen Zeit hat, weil gerade keine anderen Kunden im Laden sind, und wir uns zwischen die Bücherregale hocken können, um den Bellini zu trinken. In solchen Augenblicken verstehe ich, warum sie nicht mehr im Krankenhaus, sondern mit Büchern arbeitet. Bücherregale bieten Geborgenheit, die Buchrücken sehen uns zu und auf uns herab, scheinen sogar zu lächeln, bedrängen uns aber nie. So hat es mir Signora Anna erklärt, und ich glaube ihr.

An einem ganz besonderen Tag, als ihre die erste Buchhandlung Italiens war, die mit Harry Potter beliefert wurde, hat sie mir sogar das Rezept für den Bellini verraten. Ich ahnte gar nicht, dass es so einfach ist.

Bellini

Zutaten:
3 cl weißes Pfirsichpüree,
10 cl Prosecco oder Champagner,
Rohrzuckersirup

Zubereitung:
Das weiße Pfirsichpüree in ein Champagner- oder Aperitifglas geben, die Hälfte des Proseccos oder des Champagners aufgießen und vorsichtig verrühren. Den restlichen Prosecco oder Champagner dazugeben und nochmals umrühren.

Für das Pfirsichpüree nimmt Signora Anna möglichst reife Weinbergpfirsiche, die sie dann schält und entkernt. Das Fruchtfleisch rund um den Kern muss herausgeschnitten werden, hat sie mir erklärt, weil es Bitterstoffe enthalten kann, die den Cocktail verderben. Das Fruchtfleisch wird dann in einem Mixer fein püriert und mit Rohrzuckersirup gesüßt. Die Menge richtet sich nach dem Reifegrad der Pfirsiche.

Sollte das Püree nicht sofort verwendet werden, empfiehlt es sich, frischen Zitronensaft zuzugeben. Wenn es luftdicht verschlossen und im Kühlschrank verwahrt wird, hält es ungefähr 24 Stunden.

Was gibt es heute?

Als Vittorio, unser Briefträger, eines Tages von der Arbeit nach Hause kam, hatte sich seine Frau Joana gerade umgezogen. Sie war frisch frisiert und sorgfältig geschminkt, als wollte sie ausgehen.

»Du willst weg?«, fragte Vittorio.

»Ich bin mit einer Kollegin verabredet«, antwortete Joana.

»Und mein Abendessen?«

»Es gibt Brokkoliauflauf.«

»Prima!« Vittorio freute sich. Ihm war es egal, dass er allein essen musste. »Wo steht der Auflauf? Im Ofen?«

»No!« Joana zog sich ihren neuen Mantel über, kontrollierte im Spiegel ein letztes Mal ihr Erscheinungsbild und ging dann zufrieden zur Tür. »Im Kochbuch, Amore! Auf Seite 17.«

Es soll eine halbe Stunde gedauert haben, bis Vittorio endlich seine Sprache wiedergefunden hatte.

Sformato di Broccoli
Brokkoliauflauf

Zutaten für 4 Personen:
1 kg Brokkoli,
60 g weiche Butter,
40 g Mehl,

100 ml Milch,
3 Eier,
100 g Parmesan,
Salz,
Pfeffer und Muskat

Zubereitung:
Brokkoli waschen, in Röschen teilen und in eine Auflaufform geben. Butter in einem Topf schmelzen lassen, das Mehl darunterrühren. Dann unter ständigem Rühren bei schwacher Hitze nach und nach Milch zugießen und das Eigelb zugeben. Anschließend den geriebenen Käse unterrühren. Das Eiweiß zu Schnee schlagen und unter die Masse heben. Mit Salz, Pfeffer und Muskat abschmecken. Die Brokkoliröschen mit der Masse bedecken und bei 200 °C eine halbe Stunde lang backen, bis der Auflauf goldbraun geworden ist.

Das hätte Vittorio wirklich schaffen können. Meinen Sie nicht auch?

Zia Adas Pastaklub

In Panidomino gibt es eine lange Tradition der Pastaherstellung. Nach dem Zweiten Weltkrieg entstanden in unserem Dorf und in den Nachbardörfern viele kleine Nudel-Manufakturen, in denen hervorragende Pasta hergestellt wurde. Als ich ein Kind war, hingen die Nudeln über langen Stangen im Garten und trockneten in der Sonne. Die kürzeren Nudelformen lagen auf der Wiese, auf sauberen weißen Tüchern. Wenn die Pasta trocken war, wurde sie verpackt und verkauft. Die Branche entwickelte sich gut, und im Laufe der Jahre wurden aus den kleinen Produzenten richtige Fabrikanten. In Panidomino jedoch gibt es immer noch einen kleinen Familienbetrieb, der von einem Freund unserer Familie geführt wird. Bartolomeo stellt die Pasta immer noch mit der Hand her und verkauft sie an die Einwohner von Panidomino. Der Verdienst reicht ihm, davon kann er leben, mehr will er nicht. Seine Mutter, die alle Zia Ada nennen, trifft sich noch heute mit Frauen ihres Alters zum Nudelmachen. Natürlich nur für den Eigenbedarf und eigentlich auch nur wegen der Geselligkeit. Einen ganzen Nachmittag verbringen sie dann damit, den Nudelteig zu rollen, zu formen und zu schneiden und sich dabei Neuigkeiten zu erzählen. Zia Ada ist mittlerweile über neunzig, aber die Nudelnachmittage versäumt sie nie. Ich setze mich dann gerne zu den alten Frauen, nicht um zu helfen, sondern um mir anzuhören, was sie sich zu erzählen haben. Helfen darf ich ja nicht, weil ich nicht zu ihrem Nudelklub gehöre, denn dafür bin ich noch zu jung. Aber ihnen Neuigkeiten verraten, das darf ich trotzdem. Und wenn ich nach

Hause gehe, habe ich immer eine Tüte mit frischen Nudeln dabei. So brauche ich selber nur selten Pasta zu machen, weil die Nudeln, die Zia Ada mir einpackt, meist eine ganze Woche reichen.

Pasta fresca alla Zia Ada
Tante Adas frische Nudeln

Zutaten für 300 g Nudeln:
200 g Weizenmehl, Mehl zum Bestäuben
und 2 Eier.
Mehr braucht man nicht.

Als Arbeitsgerät ist nur ein Nudelholz nötig. Zia Ada und ihre Freundinnen halten nichts von den neumodischen Nudelmaschinen. Ich allerdings finde, dass sie die Arbeit sehr erleichtern, und besitze schon seit Jahren eine. Dino hat sie mir nach der Geburt unseres ersten Kindes geschenkt. Ein kleines Modell mit einer Handkurbel, aber es funktioniert gut. Meine Schwiegertochter Sandra hat eine elektrische Pastamaschine, die kann ich mir leihen, wenn ich keine Lust zum Kurbeln habe. Zugegeben, damit geht es noch schneller.

Zubereitung:
Das Mehl in eine Schüssel geben, in die Mitte eine Mulde drücken und die Eier hineinschlagen. Nach und nach das Mehl und die Eier vermengen, dann den Teig etwa 5 Minuten durchkneten, bis er glatt und geschmeidig ist. Zu einer Kugel formen, in Frischhaltefolie wickeln und eine halbe Stunde ruhen lassen. Dann den Teig in vier gleiche Stücke teilen und jede Portion durch die Nudelmaschine drehen.

Die dünnen Pastafladen auf eine bemehlte Arbeitsfläche legen und je nach Rezept weiter verarbeiten. Zum Beispiel zu Tripoline con tonno.

Sie wissen ja, Enricos neue Freundin ist Veganerin. Nicht nur, dass sie kein Fleisch isst, sie will auch keine Eier essen, weil Tierprodukte für sie ebenfalls tabu sind. Wenn sie mit am Tisch sitzt, gebe ich statt der Eier 125 ml heißes Wasser zum Mehl, das geht auch. Was tut man nicht alles für la famiglia?

Tripoline con Tonno
Bandnudeln mit Thunfisch

Tripoline sind lange Bandnudeln, die einen gerippten Rand haben und viel Soße aufnehmen können.

Zutaten:
4 EL Olivenöl,
1 Knoblauchzehe,
250 g Thunfisch (im eigenen Aufguss, ausgedrückt),
1 Handvoll gehackte Petersilie,
2 Dosen (je 400 g) Tomaten,
Salz,
frisch gemahlener schwarzer Pfeffer,
325 g Pasta fresca alla zia Ada

Zubereitung:
Das Olivenöl in einer großen Pfanne heiß werden lassen, die Knoblauchzehe darin rösten, anschließend herausnehmen und wegwerfen. Die Temperatur reduzieren, den Thunfisch

und die Petersilie in die Pfanne geben und anschwitzen. Die Tomaten hinzufügen, salzen und pfeffern und alles sorgfältig verrühren. Zugedeckt 20 Minuten köcheln lassen. Währenddessen gesalzenes Wasser zum Kochen bringen, den Nudelteig mit einem gewellten Rädchen in Scheiben schneiden. Sofort ins kochende Wasser geben, al dente kochen und mit der fertigen Soße vermischen.

Die tanzenden Fische

Viele Fischrezepte habe ich von meiner Mutter bekommen. Sie stammte aus Sizilien, Fisch gehörte für sie zum beinahe täglichen Speiseplan. In Panidomino war sie zunächst unglücklich, weil es schwierig war, in einem Bergdorf an frischen Fisch zu kommen. Das ist natürlich auch heute noch so, aber immerhin sind all meine Söhne motorisiert, sie bringen mir Fisch aus Città di Castello mit. Aber so frisch wie auf Sizilien ist er natürlich nicht. Auch nicht so frisch wie auf Sylt. Wenn ich bei Feinkost Meyer in Wenningstedt an der Fischtheke stehe, denke ich oft an meine Mutter zurück. Ihr wäre das Herz aufgegangen.

Sie hat mir erzählt, dass sie von ihrer Mutter, meiner Nonna, gelernt hatte, den Fisch immer erst unmittelbar vor dem Essen zu kaufen, denn dann bekam sie die Fische vom letzten Fang. Der Fisch, der zuerst auf den Markt kam, stammte von den großen Fischkuttern, die weit aufs Meer hinausfahren konnten. Manchmal blieben sie sogar zwei Tage auf See, also war der Fisch, den sie an Land brachten, nicht mehr ganz frisch. Die Fische, die zuletzt auf den Markt kamen, stammten dagegen von den kleinen Fischerbooten, die nicht so weit hinausfahren konnten und die zurückkehren mussten, wenn das Boot voll war. Sie konnten ja den Fisch nicht kühlen und frisch halten.

Meine Mamma sagte: »Ein Fisch muss tanzen.«

Was sie damit meinte? Er musste sich bewegen, wenn er ins heiße Fett kam. Das war ein Zeichen dafür, dass das Rückgrat noch auf Reize reagierte. Nur dann war der Fisch richtig frisch!

Meine Mutter hatte auch tolle Tipps für die Verarbeitung von

Fisch. Sie sagte zum Beispiel: »Auch gekochter Fisch schmeckt aromatisch und keineswegs fade, wenn du das Kochwasser zunächst eine Viertelstunde lang mit dem Gemüse und den Gewürzen kochen lässt.« Oder: »Wenn du den Fisch nicht enthäutest und vor dem Kochen mit Zitronensaft einreibst, zerfällt er nicht so leicht.«

Involtini di Pesce spada
Schwertfischröllchen

Zutaten für 4–6 Personen:
800 g Schwertfisch,
1 gehackte Knoblauchzehe,
6 EL Olivenöl,
5 Tomaten,
2 Bund gehackte Petersilie,
50 g Kapern
1 EL entkernte grüne Oliven,
1 scharfe rote Chilischote,
2 EL Weißweinessig,
Salz,
2 EL Paniermehl,
2 EL Parmesan,
Pfeffer

Zubereitung:
Den Schwertfisch waschen, häuten, entgräten und in dünne Scheiben schneiden. Den Knoblauch in etwas heißem Öl anbräunen, Tomaten, ein Bund Petersilie, Kapern, Oliven, gehackte Chilischote und ein Esslöffel Essig hinzufügen und

mit einer Prise Salz würzen. Unter Rühren einkochen lassen. Das Paniermehl mit dem Parmesan, der restlichen Petersilie, etwas Olivenöl und sehr wenig Wasser mischen und mit Salz und Pfeffer würzen. Die Fischscheiben jeweils mit einem Esslöffel der Mischung bestreichen, zusammenrollen und mit Zahnstochern feststecken. Mit dem restlichen Essig beträufeln und in der Tomatensoße garen. Die Schwertfischröllchen sehr heiß in der Soße servieren.

Aber Manolo, Vorsicht mit den Eiern!

Bruna ist die Sekretärin unseres Bürgermeisters, eine kluge, resolute Frau. Trotzdem erschien sie regelmäßig in meiner Küche, um sich bei mir auszuheulen! Es war immer das Gleiche: Ihr Mann, den sie eigentlich von Herzen liebte, hatte sie mal wieder bitter enttäuscht. Und es ging immer um dasselbe Problem: Wenn Bruna am Steuer des gemeinsamen Autos saß, wurde aus Manolo, der sonst ein Gentleman war, ein ungehobelter Klotz mit schlechten Manieren. Er kritisierte seine Frau, beschimpfte sie unflätig und bedachte sie mit Ausdrücken, die Bruna jedes Mal die Tränen in die Augen trieben. »Dabei fahre ich gar nicht schlecht«, weinte sie. »Jedenfalls nicht, wenn ich allein bin. Aber kaum sitzt Manolo neben mir, geht alles schief, weil er mich total verunsichert. Angeblich fahre ich im falschen Gang, mal zu schnell, dann wieder zu langsam, ich übersehe seiner Meinung nach alle Fußgänger und lasse zu, dass mich jemand überholt, der es nach Manolos Meinung nicht verdient hat.« Bruna brauchte jedes Mal einen Grappa, bis sie sich erholt hatte und bereit war, zu ihrem Mann nach Hause zurückzugehen, ohne ein Messer im Ärmel zu verstecken. Jedes Mal sagte ich dann zu ihr: »Man müsste es Manolo mit gleicher Münze heimzahlen. Aber wie?«

Vor ein paar Tagen hatte Bruna selbst dann die zündende Idee. Manolo, der in der Küche zwei linke Hände hatte, wollte seiner Frau eine Freude machen und überraschte sie mit dem Vorschlag, ausnahmsweise einmal das Kochen zu übernehmen. Omelett mit Zwiebeln und Zucchini wollte er zubereiten.

Schon während er die Eier aufschlug, fiel Bruna ein, dass dies der richtige Zeitpunkt war, ihrem Mann eine Lektion zu erteilen. »Vorsicht mit den Eiern!«, schrie sie. »Da ist ein bisschen Schale reingekommen, die muss wieder raus. Die Zucchini sind viel zu dick geschnitten. Mehr Öl in die Pfanne! Nein, so viel nicht! Die Eier brennen gleich an, siehst du das nicht? Du musst die Temperatur zurückstellen. Goldbraun müssen sie sein, nicht schwarz. Und jetzt wenden! Wenden!«

Manolo war derart mit den Nerven fertig, dass ihm das Omelett beim Wenden auf die Erde fiel. »Du bringst mich total durcheinander«, schimpfte er. »Wenn du immer meckerst, mache ich alles falsch. Und Spaß macht es mir auch nicht.«

Bruna lächelte ihren Mann an. Und Manolo fiel die Kinnlade herunter, als sie sagte: »Nun hast du eine Kostprobe davon bekommen, wie es ist, Auto zu fahren, wenn du der Beifahrer bist.«

Frittata di Cipolle e Zucchini
Omelette mit Zwiebeln und Zucchini

Zutaten für 4 Personen:
4 EL Olivenöl,
2 Zwiebeln,
1 Zucchini,
6 Eier,
40 g Parmesan,
Salz,
frisch gemahlener Pfeffer

Zubereitung:
Das Olivenöl in einer Pfanne erhitzen, Zwiebeln in feine Streifen schneiden und dazugeben, ebenfalls die in dünne Scheiben geschnittenen Zucchini. Alles bei mittlerer Hitze anschwitzen, bis das Gemüse weich ist. Inzwischen die Eier in einer Schüssel mit dem geriebenen Parmesan vermischen, dann mit Salz und Pfeffer würzen. Falls nötig, noch etwas Olivenöl in die Pfanne geben. Die Eiermischung hineingießen und etwa 5 Minuten backen, bis die Unterseite goldbraun ist. Das Omelett wenden und von der andern Seite noch etwa 3 Minuten backen.

Frittata mache ich oft, wenn es schnell gehen muss. Sie schmeckt nicht nur warm, kalt ist sie genauso lecker. Man kann sie auch mit Frühlingszwiebeln zubereiten, dann schmeckt die Frittata besonders frisch.

Der heimliche Koch

Mario und Ermelina wohnen, solange ich denken kann, neben der Kirche. Ermelina arbeitete als Küsterin, und Mario hat bis zu seiner Rente die Grünanlagen rund um die Kirche in Ordnung gehalten. Ein, wie ich dachte, zufriedener alter Mann. Aber an seinem achtzigsten Geburtstag beklagte sich der alte Mario mit einem Mal und ließ alles raus, was ihm sein Leben lang auf der Seele gelegen hatte. Zum ersten Mal nannte er auch seinen größten Wunsch beim Namen, der ihm nie erfüllt worden war: Er wollte kochen! Aber seine Mutter hatte ihn nie gelassen, weil ein Mann in der Küche angeblich eine lächerliche Figur abgab, und seine Frau war ebenfalls dieser Meinung. »Kochen ist Frauensache! Männer stehen in der Küche nur im Wege herum.«

Es gab ein großes Gelächter während der Geburtstagsfeier, niemand glaubte, dass Mario wirklich darunter litt, nicht an den Herd gelassen zu werden. Nur eine – das vertraute er mir am späten Abend an, als er schon sehr viel Vino und Grappa zu sich genommen hatte – hatte es ihm erlaubt. Vor vielen Jahren war er nämlich nicht nur in seine spätere Frau Ermelina, sondern auch in eine Frau namens Prospera verliebt gewesen und hatte sich lange nicht entscheiden können. Ermelina hatte bis dahin nicht erfahren, dass Mario gezögert hatte, bis er sich letztlich für sie entschied. Und wie es schien, war er sich mit achtzig Jahren noch nicht ganz sicher, ob er die richtige Entscheidung getroffen hatte. In Gedanken jedenfalls war er noch oft bei Prospera, die später einen anderen Mann heiratete und nach Firenze zog.

»Sie hat mir damals gezeigt, wie man einen Oktopussalat zubereitet.« Mario führte Daumen und Zeigefinger zu den Lippen und schnalzte genüsslich. »Fantastico! Ich glaube, ich könnte ihn heute noch aus dem Gedächtnis zubereiten. Aber Ermelina lässt mich ja nicht …«

Ausgerechnet Oktopus? Ich sah ihn ungläubig an. Wenn er mir erzählt hätte, dass er Nudeln kochen könne oder sich auf die Herstellung von mariniertem Gemüse verstand, das hätte ich ihm glauben können. Aber Oktopus?

Da Ermelina sich weiterhin standhaft weigerte, ihren Mann in ihren Herrschaftsbereich zu lassen, bot ich Mario an, den Oktopussalat in meiner Küche zu machen. Meine Erwartungen waren nicht hoch, aber ich wurde überrascht …

Mario fuhr extra zum Markt nach Città di Castello, um frischen Oktopus zu kaufen. Er brachte ihn mir und verlangte, dass ich ihn sofort in die Tiefkühltruhe steckte. Warum? Er konnte mir den Grund nicht nennen, wusste aber, dass Prospera gesagt hatte, es sei wichtig, den Oktopus tiefgefroren zu verarbeiten.

Insalata di Polpo
Oktopussalat

Zutaten:
1 Oktopus von ungefähr 1800 g,
1 Bund Petersilie,
2 Knoblauchzehen,
1–2 Zitronen,
Olivenöl,
eventuell noch schwarze Oliven

Zubereitung:
Am Nachmittag kam Mario wieder zu mir, nahm den Oktopus aus der Tiefkühltruhe und gab ihn tiefgefroren ins kochende Wasser. »Dreimal rein und wieder raus«, murmelte er vor sich hin, während ich ihm staunend zusah. »So hat Prospera es gemacht. Und dann eine Stunde sieden lassen.«

Wichtig sei, das erklärte Mario mit Nachdruck, dass man dem Wasser kein Salz zufüge. »Salz macht den Oktopus hart.« Das hatte wohl auch Prospera gesagt.

Nach einer Stunde machte er den Gartest. »Wenn die Gabel leicht einsticht, ist er gar.«

Dann wurde der Oktopus in kaltem Wasser von der Haut befreit, ebenso vom Kopf, den Innereien und dem Darmausgang. Danach schnitt Mario alles in mundgerechte Stücke.

Ich habe derweil die Petersilie und den Knoblauch gehackt, und Mario hat alles unter die Oktopusstücke gehoben. Mit Zitronensaft, Olivenöl und Salz hat er den Salat gewürzt. Da ich viele schwarze Oliven im Vorrat hatte, haben wir sie klein geschnitten dazugegeben, Mario erklärte mir aber, das sei nicht nötig, der Salat schmecke auch ohne Oliven. Prospera habe es mal so und mal so gemacht.

Am Abend kam Mario zusammen mit Ermelina, und gemeinsam haben wir den Salat im Garten gegessen. Wir alle waren begeistert, nur Ermelina – die hat kein gutes Wort gesagt. Nun, es hat niemanden gewundert. Sie hatte ja erst bei dieser Gelegenheit davon erfahren, dass ihr Mann vor der Ehe noch eine andere geliebt hatte. Das musste sie erst mal verkraften. Aber als die Salatschüssel leer war, hatte sich auch das erledigt. Und Ermelina versprach sogar, Mario demnächst öfter das Zepter in der Küche zu überlassen. Auf jeden Fall immer dann, wenn Oktopussalat auf dem Speiseplan stehen sollte.

Der hungrige Postbeamte

Meine Freundin Susanna wohnt in der Nähe von Freiburg. Woher ich sie kenne? Sie hat vor Jahren in Panidomino Urlaub gemacht, dabei haben wir uns kennengelernt und festgestellt, dass wir das gleiche Hobby haben. Kochen! Wir haben uns gegenseitig unsere besten Rezepte verraten, und jetzt, wenn wir uns schreiben, fügen wir der anderen immer ein Rezept bei. Eins der letzten Rezepte, das sie mir aus Freiburg geschickt hat, ist ihr Knusperbrot. Seitdem gehört es bei uns immer dazu, wenn wir grillen. Meine Enkelkinder lieben es, und ich muss es regelrecht verstecken, bevor der Grill angezündet wird, damit es nicht schon verzehrt ist, bevor wir zu essen beginnen.

Neulich war ich bei Velia zu Besuch, der Frau des einzigen Postbeamten von Panidomino. Und was bekomme ich vorgesetzt? Das Knusperbrot, das von Susanna stammt. Ich war empört. Das Gerücht, der Postbeamte lese gern die Post, bevor er sie dem Briefträger mitgab, bekam ich hiermit bestätigt. Und hatte meine Schwägerin mir nicht kürzlich erzählt, sie habe bei Velia ein Rinderragout gegessen, das genauso schmeckte wie das, was ich von Susanna kenne? Und meine Tochter Francesca hat Stein und Bein geschworen, dass Velias Ratatouille genauso lecker ist wie das, das ich nach Susannas Rezept zubereite.

Nun war ich mir sicher: Velias Mann öffnete meine Post, jedenfalls die, die aus Freiburg kam, um für seine Frau Susannas Rezepte zu kopieren. Uno Scandalo! Nur weil Velia bitterlich weinte und große Angst bekam, dass ihr Mann arbeitslos wurde, dass sie mit Schimpf und Schande aus Panidomino vertrieben und anschließend unter irgendeiner Brücke landen würden, war ich bereit, die Sache auf sich beruhen zu lassen. Aber eine Einladung von Velia habe ich nie wieder angenommen.

Knusperbrot

Zutaten:
500 g Mehl,
1 P. Trockenhefe,
1 TL Kräutersalz,
300–330 ml handwarmes Wasser,
Olivenöl

Zubereitung
Aus den Zutaten einen Hefeteig herstellen und eine Stunde ruhen lassen. Dann drei oder vier Bleche mit Backpapier belegen und den Ofen auf 220 °C (Heißluft) vorheizen. Vom Teig ein Stück abschneiden und zu einem hauchdünnen ovalen Fladen ausrollen. So groß, dass je zwei Ovale auf ein Blech passen. Diese Fladen ausgiebig mit Olivenöl einpinseln und mit Kräutersalz bestreuen. Immer je zwei Bleche im Ofen 8–12 Minuten backen, bis die Fladen goldbraun sind.

Aber backen Sie nicht mehr Knusperbrot, als gegessen werden kann. Es schmeckt nur am ersten Tag so richtig kross und lecker.

Theodoros Ehrlichkeit

Theodoro besaß lange eine Trattoria in unserem Dorf, die er aufgeben musste, weil er eine unbedachte Bemerkung gemacht hatte. Er behauptete eines Tages nämlich, dass ein richtig gutes Essen nur dann wirklich mundete, wenn ein paar Tropfen Stirnschweiß hineingefallen waren. Wenn der Koch nicht schwitzte, strengte er sich nicht richtig an, und wenn er sich nicht anstrengte, kochte er nicht mit Inbrunst, und wenn er das nicht tat, schmeckte das Essen nicht. Die Gäste seiner Trattoria erstarrten, als sie das hörten, und ein halbes Jahr später war Theodoro pleite. Da konnte er noch so lange reden, dass das Kochen bei 40 °C im Schatten nun mal nicht vonstattenginge, ohne dass dem Koch der Schweiß auf die Stirn trat, es änderte sich nichts mehr. Wer etwas von Theodoro vorgesetzt bekam, dachte nur an den Stirnschweiß, der mitverarbeitet worden war, und lehnte ab. Theodoro musste sein Ristorante schließen. Schade eigentlich. Sein überbackener Chicorée war wirklich sehr gut.

Cicoria gratinata
Überbackener Chicorée

Zutaten für 4 Personen:
800 g Chicorée,
200 ml Milch,

200 ml Gemüsebrühe,
Salz und Pfeffer,
Butter zum Einfetten

Zubereitung:
Den Backofen auf 180 °C vorheizen. Eine Auflaufform mit Butter einfetten. Den Chicorée verteilen und in die Form legen. Mit Salz und Pfeffer bestreuen, Milch und Brühe zugießen und eine halbe Stunde backen, bis die Flüssigkeit verdampft ist.

Sehr lecker schmeckt der Chicorée auch, wenn er in Schinken eingewickelt wurde.

Schöne Töne

Was habe ich meine Cousine Aurora beneidet, als sie einen Musiker heiratete! Alfredo spielte in Mailand und unterhielt seine Frau, während sie kochte, mit seiner Querflöte. Jedenfalls in der ersten Zeit ihrer Ehe. Ist das nicht wunderbar? Man hackt die Zwiebeln, putzt das Gemüse, würfelt das Fleisch, lässt das Öl aus ... und währenddessen darf man einer Musik lauschen, die eigens gespielt wird, damit die Frau sich erfreuen kann und ihr die Arbeit leicht von der Hand geht. Allora, meine Cousine hat mir einmal gestanden, dass ihr Mann sowieso jeden Tag üben muss und irgendwann beschlossen hat, sein tägliches Pensum in die Küche zu verlegen, was der Sache ein bisschen die Romantik genommen hat. Aber egal! Sie war es gewöhnt, dass ihr Mann am Küchentisch saß und flötete, während sie kochte, und irgendwann war das so selbstverständlich für sie geworden, dass sie gar nicht mehr kochen konnte, wenn Alfredo nicht zu Hause war oder Besseres zu tun hatte, als auf der Querflöte zu spielen. Vor allem wenn es um sein Leibgericht ging, gefiel Alfredo diese Weigerung gar nicht. Einmal pro Woche wollte er seine Seeteufel mit Salbei und Parmaschinken haben, basta! Nun war er nur noch bereit, in der Küche zu flöten, wenn Aurora ihm seinen Seeteufel machte. Und dann sagte er seiner Frau irgendwann klipp und klar, dass er überhaupt keine Lust mehr habe, ihr beim Kochen etwas vorzuflöten. Madonna! Wie sich eine Ehe verändern kann! Drei Jahre verliebtes Flöten, dann nur noch Flöten fürs Leibgericht, und im fünften Ehejahr hatte Alfredo überhaupt keine Flötentöne mehr für Aurora übrig. Im sechsten

Jahr hat er sie dann verlassen, weil er eine Flötistin kennenlernte, die dem Orchester beitrat, in dem er selbst flötete. Die wollte überhaupt nicht kochen. Da konnte Alfredo noch so viel flöten, sie brachte kein vernünftiges Essen auf den Tisch. So zerbrach nach der Ehe auch diese Liebe, und mir ist klar geworden, dass man weder die Liebe noch die gute Küche erzwingen kann. Wer gern kocht, tut es immer gern, auch ohne Flötenkonzert, und wer liebt, der liebt eben! Auch ohne Flöterei. Basta!

Coda di Rospo alla Saltimbocca
Seeteufel mit Salbei und Parmaschinken

Zutaten für 2 Portionen:
2 Seeteufelfilets,
2 große Scheiben Parmaschinken,
1 Zitrone,
schwarzer Pfeffer aus der Mühle,
8 Salbeiblätter,
2 EL Olivenöl,
20 g Butter,
1/8 l Weißwein,
z.B. ein Pinot grigio,
je eine Prise Salz und Zucker

Zubereitung:
Aurora hat nach der Scheidung nie wieder Seeteufel gemacht, aber ich kann mich noch gut erinnern, wie sie ihn zubereitete. Zuerst hat sie die Zitrone gewaschen und halbiert. Eine Hälfte hat sie in Scheiben geschnitten, die andere Hälfte ausgepresst. Dann hat sie das Fischfilet gewaschen, trocken getupft und in Streifen geschnitten. Sie hat sie etwas flach gedrückt, mit

einem Esslöffel Zitronensaft beträufelt und leicht gepfeffert. Dann hat sie den Parmaschinken in Streifen geschnitten und die Salbeiblätter gewaschen und trocken getupft. Danach ging immer das Suchen nach den Holzstäbchen los. Jedes Mal glaubte Aurora, keine im Haus zu haben, fand aber irgendwann doch welche. Mit ihnen steckte sie je einen Streifen Schinken und ein Salbeiblatt auf den Fisch. Dann hat sie das Öl in einer Pfanne erhitzt, den Fisch mit der Salbei-Schinken-Seite nach unten gelegt und ihn ca. 2 Minuten bei kleiner bis mittlerer Hitze gebraten. Beim Wenden war sie immer besonders vorsichtig, denn der Fisch kann leicht zerbröckeln. Wenn alles gut gegangen war, hat sie ihn noch einmal ungefähr 3 Minuten auf der anderen Seite gebraten. Dann wurde er herausgenommen und mit Alufolie abgedeckt. Aurora hat Butter in der Pfanne aufschäumen lassen, sie dann mit dem restlichen Zitronensaft und dem Weißwein abgelöscht und bei großer Hitze alles kurz einkochen lassen. Mit Salz, Pfeffer und Zucker hat sie gewürzt, die Fischstreifen wieder in die Pfanne gegeben und sie bei kleiner Hitze eine Minute ziehen lassen. Mit der Weinsoße und den Zitronenscheiben hat sie den Fisch dann angerichtet. Ich kann verstehen, dass Alfredo ihn liebte, er ist wirklich delizioso.

Das verschwundene Armband

Dinos Cousine Camilla hat einen Sohn, der einfach nicht heiraten wollte. Dabei wünschte sich Camilla doch nichts mehr als Enkelkinder. Als Pancrazio nach Rom zog, machte sie sich erneut Hoffnungen. Pancrazio teilte sich nämlich eine Wohnung mit einer gewissen Arianna. Aber wenn Camilla fragte, bekam sie immer das Gleiche zu hören: »Nein, wir sind nur eine Wohngemeinschaft, wir haben keine Beziehung.«

Camilla war bitter enttäuscht. Pancrazio sollte doch endlich eine Frau finden!

Eines Tages traf eine Einladung aus Rom ein. Pancrazio bat seine Mama zum Essen in seine Wohnung, Arianna wolle Seezungen machen. Sie habe ein tolles Rezept, seiner Mutter würde es sicherlich schmecken.

Camilla war überrascht, als sie Arianna sah. So hübsch hatte sie sich Pancrazios Mitbewohnerin nicht vorgestellt. Und die Seezunge in der pikanten Soße zeigte, dass sie sogar eine gute Köchin war. Also genau die richtige Schwiegertochter für Camilla!

Doch Pancrazio blieb dabei: »No, wir wohnen nur zusammen, wir schlafen getrennt.«

Camilla schwärmte nach ihrer Rückkehr in den höchsten Tönen von Arianna, und ich musste sie immer wieder daran erinnern, was Pancrazio ihr gesagt hatte: »Die beiden sind kein Paar.«

Dann aber kam ein Brief aus Rom. Pancrazio schrieb seiner Mama, dass Arianna seit ihrem Besuch ihr Armband vermisse.

»Wir sagen nicht, dass du es genommen hast, aber wir sagen auch nicht, dass du es nicht genommen hast. Fest steht, dass es nicht mehr da ist.«

Ich war erschrocken, als Camilla mir den Brief zu lesen gab, und verstand nicht, dass sie darüber lachte. »Arianna glaubt, du hast sie bestohlen?«

Als ich dann aber las, was Camilla zurückschrieb, musste auch ich lachen. »Mein lieber Junge, ich sage nicht, dass du mit Arianna schläfst, ich sage aber auch nicht, dass du es nicht tust. Fest steht jedenfalls, dass ihr das Armband längst gefunden hättet, wenn Arianna in ihrem eigenen Bett schliefe.«

Was soll ich sagen? Nächste Woche ist Hochzeit. Pancrazio hat eingesehen, dass er seiner Mutter nichts mehr vormachen kann.

Sogliole in Salsa piccante
Seezunge in pikanter Soße

Zutaten für 4 Personen:
2 Sardellen in Öl aus dem Glas (wer es pikanter mag, kann auch mehr nehmen),
4 ausgenommene Seezungen,
Mehl zum Bestäuben,
80 g Butter,
Saft von 2 Zitronen,
2 EL Kapern,
2 EL gehackte glatte Petersilie

Zubereitung:
Camilla hat mit leuchtenden Augen erzählt, wie geschickt Arianna war, als sie die Sardellenfilets abspülte und in kleine

Stücke schnitt und die Seezungen mit Mehl bestäubte. Die Hälfte der Butter hat Arianna dann in einer Pfanne zerlassen und die Seezungen darin von beiden Seiten goldbraun gebraten. Dann wurden sie mit Zitronensaft beträufelt, und Arianna hat sie warm gestellt. Camilla durfte sogar helfen und hat die restliche Butter in einem kleinen Topf zerlassen, Sardellen und Kapern hineingegeben und bei mittlerer Hitze gedünstet. Pancrazio wollte sich am Ende auch noch beteiligen: Er hat die Soße über den Fisch gegeben und ihn mit Petersilie bestreut.

Rezepte